Shona

By Daniel Chikwava, M.B.A., California State University, Fresno

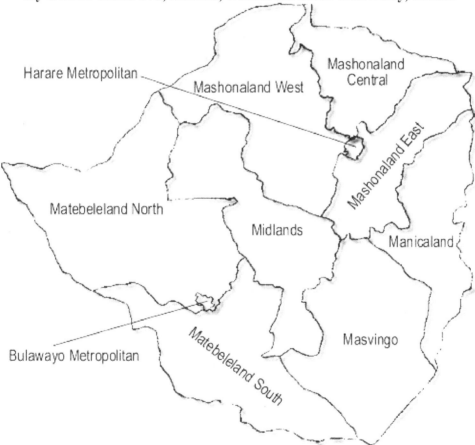

Southern Africa Languages Books, Inc.
Irisweg 12, 82178 Puchheim, Germany
Tel: +49 (0) 15206390871
www.chikwava.com

Copyright©2010 Southern Africa Languages Books, Inc. Puchheim, Germany.
First edition. All Rights Reserved. ISBN 978-1452871646

Contents

Chapter	Title	Page
1.	Introduction	3
2.	Concept	4
3.	The Alphabet, Pronunciation Guide	5
4.	Consonants and Vowels Combinations	6
5.	Parts of the body, Sickness & Health	9
6.	Shona Grammar (Rules)	13
	6.1 Nouns	15
	6.2 Adjectives	17
	6.3 Subject and Object Pronouns	21
	6.4 Identification / Relative / Demonstrative Pronouns	27
	6.5 Verbs	33
	6.6 Adverbs	46
	6.7 Prepositions	48
	6.8 Possessives	51
	6.9 Conjunctions	54
7.	When you don't understand	56
8.	Question Words	57
9.	Family Tree, Things at Home	59
10.	Colors	65
11.	Days of the Week	66
12.	Greetings and Introductions	68
13.	Months, Seasons and Temperatures	70
14.	Numbers, Money, Time and Conversions	71
15	Religion and Nationality	75
16.	Directions	80
17.	On your Journey	84
18.	Food, Beer and Drinks	88
19.	Vocabulary Appendix	93
20.	Insults, Verbal Idioms and Well Wishes	95
21.	Shona Culture, Proverbs	97

1. Introduction

Shona or chiShona is the most widely spoken language in Zimbabwe after English. It is also generally understood by most people living in parts of western Mozampique (Tawara and Tewe dialects), northern South Africa and eastern Botswana (Kalanga and Venda dialects), and southern Zambia (Tonga dialect). Based on population figures, the mostly spoken Shona dialect is the Karanga. However, each Zimbabwean province has it's own distinct Shona dialect as shown below:

- **Manicaland** province speaks Manyika and Ndau dialects.

- **Masvingo** and **Midlands** provinces speaks Karanga/Kalanga and Venda dialects.

- **Mashonaland East** speaks Zezuru dialect.

- **Mashonaland Central** and **Mashonaland West** speaks Korekore dialect.

- **Matebeleland North** and **South** provinces speak Ndebele, but understand standard Shona.

- **Harare** and **Bulawayo** metropolitan provinces have people who speak all Shona dialects.

2 Concept

1. *Are you dating or married to someone from Zimbabwe?*

2. *Does your mom or dad speak Shona but you don't?*

3. *Do you have Zimbabwean friends?*

4. *Have you always wanted to learn Shona but couldn't find the right book?*

5. *Have you tried learning Shona before but simply gave up?*

6. *Do you already speak Shona but would like to improve your grammar knowledge?*

7. *Do you dislike learning Shona by only memorizing phrases?*

8. *Do you want to surprise your Zimbabwean friends or in-laws with some Shona phrases?*

9. *Were you born or lived in Zimbabwe but somehow missed the opportunity to learn Shona?*

If you answered "**YES**" to any of these questions, then this book is for you! In fact, there aren't many Shona grammar books on the market today. The few that exist want you to mostly memorize phrases and this could be really boring and ineffective.

This book's concept is designed such that it makes Shona easy and fun to learn. It covers not only the most important elements of learning Shona but also explains to you it's hidden logic and the rules (grammar) clearly. Most chapters in this book conclude with some usage examples or phrases to reinforce the rules and give you some Shona speaking ability immediately. This book also contains a vocabulary appendix, proverbs and idioms. Use them to increase your Shona vocabulary quickly.

All you have to do is devote a little time every day. It doesn't matter how much time you set aside, but the key is consistency and make sure that you repeat the areas you don't understand and complete all given practice exercises before proceeding to next pages.

Don't wait! Discover your Shona voice today!

3 The Alphabet, Pronunciation Guide

Shona uses the Latin alphabet just like most European languages but doesn't have letters "**L**", "**X**", and "**Q**". All syllables and words in Shona end with the vowels phonemes (**a, e, i, o, u**). There are no long or short vowels and all vowels are pronounced as they are written – fully without tone or intonation. Practice pronouncing these vowel sounds in the table below. If you can't pronounce them correctly, don't panic. It's okay to speak Shona with an accent. Above all, just try to have fun!

Shona Sound	English Sound	Shona Sound	English Sound	Shona Sound	English Sound
a	f*a*ther	kw	*Qu*een	pw	-
b	-	m	*m*oney	pf	-
bh	*b*alance	mb	cli*mb*	r	*r*ude
bv	-	mbw	-	rw	*Rw*anda
bw	-	mh	-	s	*s*avage
ch	*ch*ick	mv	-	sh	*sh*ip
d	-	mw	-	shw	-
dh	*d*en	n	*n*ational	sv	-
dy	-	n'	-	t	*t*an
dz	-	nd	I*nd*ia	ts	pocke*ts*
dzv	-	ndw	-	tsv	
dzw	-	ng	E*ng*land	tsw	
e	*e*nd	ngw		u	r*u*de
f	*f*ather	nh	-	v	-
g	*g*alvanize	nj	-	vh	*v*an
gw	*Gw*endolyn	ny	-	w	*w*hat
h	*h*armony	nz	bala*n*ce	y	*y*oga
hw	*o*ne	nzw	-	z	*z*ip
i	*i*nn	nw	-	zh	-
j	*j*ava	o	*o*range	zv	-
k	*k*in	p	*p*arty		

4 Consonants and Vowels Combinations

Now can you say this?

Ndi no kuda iwe ne Moyo wangu wese.
(I * love you with heart mine whole).

Ndi no kuda iwe ne wangu wese Moyo.
(I * love you with my whole heart).

"no" is an infix which shows that the coming verb "*kuda* > **to love**" is in the simple present tense.

If you can say the above sentences, you can learn to speak Shona. Again, don't worry about your accent. Just speak slowly and clearly. Learning Shona sounds easy and exotic, doesn't it?

The following is a comprehensive guide for all possible sounds (consonant and vowel combinations) used to form all Shona words. While most sounds are used across all dialects, some are only used regionally, however. As you can see, some sounds are similar to English but have a different spelling.

	B	Ch	D	F	G	H	J	K	M	N	P	R	S	T	V	W	Y	Z
a	ba	cha	da	fa	ga	ha	ja	ka	ma	na	pa	ra	sa	ta	va	wa	ya	za
	bha		dha		gwa	hwa		kwa	mba	n'a	pfa	rwa	sha	tsa	vha			zha
	bva		dya						mbwa	nda	pwa		shwa	tsva				zva
	bwa		dza						mha	ndwa			sva	tswa				
			dzva						mva	nga								
			dzwa						mwa	ngwa								
										nha								
										nja								
										nya								
										nza								
										nzwa								
										nwa								

	B	Ch	D	F	G	H	J	K	M	N	P	R	S	T	V	W	Y	Z
e	be	che	de	fe	ge	he	je	ke	me	ne	pe	re	se	te	ve	we	ye	ze
	bhe		dhe		gwe	hwe		kwe	mbe	n'e	pfe	rwe	she	tse	vhe			zhe
	bve		dye						mbwe	nde	pwe		shwe	tsve				zve
	bwe		dze						mhe	ndwe			sve	tswe				
			dzve						mve	nge								
			dzwe						mwe	ngwe								
										nhe								
										nje								
										nye								
										nze								
										nzwe								
										nwe								

	B	Ch	D	F	G	H	J	K	M	N	P	R	S	T	V	W	Y	Z
i	bi	chi	di	fi	gi	hi	ji	ki	mi	ni	pi	ri	si	ti	vi	wi	yi	zi
	bhi		dhi		gwi	hwi		kwi	mbi	n'i	pfi	rwi	shi	tsi	vhi			zhi
	bvi		dyi						mbwi	ndi	pwi		shwi	tsvi				zvi
	bwi		dzi						mhi	ndwi			svi	tswi				
			dzvi						mvi	ngi								
			dzwi						mwi	ngwi								
										nhi								
										nji								
										nyi								
										nzi								
										nzwi								
										nwi								

	B	Ch	D	F	G	H	J	K	M	N	P	R	S	T	V	W	Y	Z
o	bo	cho	do	fo	go	ho	jo	ko	mo	no	po	ro	so	to	vo	wo	yo	zo
	bho		dho		gwo	hwo		kwo	mbo	n'o	pfo	rwo	sho	tso	vho			zho
	bvo		dyo						mbwo	ndo	pwo		shwo	tsvo				zvo
	bwo		dzo						mho	ndwo			svo	tswo				
			dzvo						mvo	ngo								
			dzwo						mwo	ngwo								
										nho								
										njo								
										nyo								
										nzo								
										nzwo								
										nwo								

	B	Ch	D	F	G	H	J	K	M	N	P	R	S	T	V	W	Y	Z
u	bu	chu	du	fu	gu	hu	ju	ku	mu	nu	pu	ru	su	tu	vu	wu	yu	zu
	bhu		dhu		gwu	hwu		kwu	mbu	n'u	pfu	rwu	shu	tsu	vhu			zhu
	bvu		dyu						mbwu	ndu	pwu		shwu	tsvu				zvu
	bwu		dzu						mhu	ndwu			svu	tswu				
			dzvu						mvu	ngu								
			dzwu						mwu	ngwu								
										nhu								
										nju								
										nyu								
										nzu								
										nzwu								
										nwu								

5 Parts of the Body, Sickness & Health

Table 5a Parts of the Body (Nhengo dzeMuviri)

Singular		Plural	
Shona	**English**	**Shona**	**English**
Muviri	live body	Miviri	live bodies
Guvhu	belly button	Makuvhu	belly buttons
Ibvi	knee	Mabvi	knees
Rurimi	tongue	Ndimi	tongues
Zino	tooth	Mazino	teeth
Dama	cheek	Matama	cheeks
Huro	neck	Huro	necks
Mhanza	bald	Mhanza	bald
Vhudzi	hair	Vhudzi	hair
Gumbo	leg	Makumbo	legs
Ruoko	hand	Maoko	hands
Musana	back / spine	Misana	backs / spines
Dumbu	stomach	Matumbu	stomachs
Garo	buttock	Magaro	buttocks
Mboro	penis	Mboro	penises
Mheche	vagina	Mheche	vaginas
Choya	pubic hair	Choya	pubic hair
Tsoka	foot	Tsoka	feet
Gokora	elbow	Magokora	elbows
Chanza	palm	Zvanza	palms
Muromo	mouth	Miromo	mouths
Musoro	head	Misoro	heads
Ziso	eye	Maziso	eyes
Nzeve	ear	Nzeve	ears
Chigunwe	finger / toe	Zvigunwe	fingers / toes
Huro	neck	Huro	necks
Mbabvu	rib	Mbabvu	ribs

Table 5a Parts of the Body (Nhengo dzeMuviri) Continued

Singular		Plural	
Shona	**English**	**Shona**	**English**
Moyo	heart	Moyo	hearts
Chiropa	liver	Zviropa	livers
Hwura	intestine	Hwura	intestines
Ndebvu	beard	Ndebvu	beard
Muromo	lip	Miromo	lips
Godo	bone	Makodo	bones
Jende	man ball	Machende	man balls
Dadza	inside of the cheek	Matadza	insides of the cheeks
Zamu	breast	Mazamu	breasts
Chidya	thigh	Zvidya	thighs
Guma	forehead	Makuma	foreheads
Nduru	gall bladder	Nduru	gall bladders
Bapu	lung	Mapapu	lungs
Ganda	skin	Makanda	skins
Shaya	jaw	Shaya	jaws
Mhinho	nose	Mhinho	noses
Tsinga	blood vein	Tsinga	blood veins
Nzara	finger nail	Nzara	finger nails
Chiso	face	Zviso	faces
Gotsi	back of the head	Makotsi	backs of the heads
Ropa	blood	Ropa	blood
Mutumbu / Chitunha	torso / dead body	Mitumbu / Zvitunha	torsos / dead bodies
Chitsitsinho	heel	Zvitsitsinho	heels
Mhata	colon / asshole	Mhata	colons / assholes
Chipfuva	chest	Zvipfuva	chests
Nhumbu	pregnancy	Nhumbu	pregnancies
Mate	saliva	Mate	saliva
Uronyo	sperm	Uronyo	sperm
Dikita	sweat	Dikita	sweat

Table 5b Sickness & Healthy

English	Shona	English	Shona
health	Utano	medicine / medicinal herbs	Chirapiso / Mushonga
a healthy person	Munhu mutano	doctor	Chiremba
to be healthy	kuva neUtano > to have health	traditional healer	N'anga
sickness	Urwere	bruise	Vanga
disease	Chirwere	to warm	kudziya
patient	Murwere	fever	kudziya Muviri
to be sick	kurwara	to cough	kukosora
pain / hurt	Marwadzo	cough	Chikosoro
hurting	kurwadza	to hurt / hurting	kurwadza
to heal	kurapa	to ache / aching	kutema
healed	kurapwa	head ache	kutemwa / kurwadziwa neMusoro
healer	Murapi	to break	kuvhuna
healing	Urapi	to break a bone	kuvhunika Godo
to swell	kuzvimba	hospital	Chipatara
swelling	Mazvimbo	to faint	kufenda
wound / cut	Ronda	to vomit	kurutsa
dizziness	Dzungu	to sneeze	kuhotsira

Examples

1. Ndiri kubuda Ropa > I am loosing blood = I am bleeding.
2. Ndine Dzungu > I have dizziness = I feel dizzy.
3. Ndiri kuHetsura > I am sneezing.
4. Ndarumwa neMosquito > I have been bitten by a Mosquito.
5. Musoro wangu uri kurwadza > My head is hurting / aching.
6. Ndakaneta > I am weak.
7. Makumbo angu akaneta > My legs are weak.
8. Ndiri kutadza kurara > I am unable to sleep.
9. Ndiri kutadza kudya > I am unable to eat.
10. Ndiri kutadza kudya > I am unable to eat.
11. Ndiri kutadza kumedza > I am unable to swallow.
12. Ndiri kutadza kumedza > I am unable to swallow.
13. Ndiri kutadza kumwa > I am unable to drink.
14. muDumbu rangu riri kurwadza > Inside my stomach is hurting.
15. Maziso angu ari kuvava > My eyes are itchy.
16. Zino rangu riri kurwadza > My tooth is hurting.
17. Ndine Nhumbu > I have pregnancy = I am pregnant.
18. Ndiri kumwa Mushonga > I am drinking medication.
19. Ndiri kutora Mushonga > I am taking medication.
20. Musana wangu uri kurwadza > My back is hurting.

6 Shona Grammar (Rules)

1. The first thing you should know is the *"Word Order"* or the *"Sentence Structure"* rule:

Table 6a Shona Sentence Structure when a Pronoun is used as a Subject of a Sentence

	English	Shona
Normal Sentences	Subject Pronoun +Verb + Object. e.g. <u>**She**</u> is in Zimbabwe.	Subject Pronoun +Verb + Object. e.g. <u>**A**</u>ri* kuZimbabwe.
Questions Sentences	Verb + Subject Pronoun + Object e.g. Is <u>she</u> is in Zimbabwe?	Subject Pronoun +Verb + Object. e.g. <u>**A**</u>ri kuZimbabwe?
Time Markers	Subject Pronoun +Verb + Object + Time Marker. e.g. <u>**She**</u> is going to Zimbabwe *tomorrow*.	Subject Pronoun +Verb + Object + Time Marker. e.g. <u>**A**</u>ri kuenda kuZimbabwe *mangwana*.
Question Words	Question Word + Verb + Subject Pronoun. e.g. **Where** is <u>she</u>?	Subject Pronoun +Verb + Question Word. e.g. <u>**A**</u>ri kupi?

Table 6b Shona Sentence Structure when a Noun is used as a Subject of a Sentence

	English	Shona
Normal Sentences	Subject Noun +Verb + Object. e.g. *The girl is in Zimbabwe.*	Subject Noun + Subject Pronoun +Verb + Object. e.g. *Musikana <u>a</u>ri** kuZimbabwe.*
Questions Sentences	Verb + Subject noun + Object. e.g. *Is the girl in Zimbabwe?*	Subject Noun + Subject Pronoun +Verb + Object. e.g. *Musikana <u>a</u>ri kuZimbabwe?*
Time Markers	Subject Noun +Verb + Object + Time Marker. e.g. *The girl is going to Zimbabwe tomorrow.*	Subject Noun + Subject Pronoun +Verb + Object + Time Marker. e.g. *Musikana <u>a</u>ri kuenda kuZimbabwe mangwana.*
Question Words	Question Word + Verb + Subject Noun. e.g. *Where is the girl?*	Subject Noun + Subject Pronoun +Verb + Question Word. e.g. *Musikana <u>a</u>ri kupi?*

*Note that subject pronouns and verbs are combined in Shona, **e.g. (She is = A + ri = Ari)**.

**A pronoun is always required in a Shona sentence even if a sentence already has a noun as the subject of that sentence.

2. The second thing you should know is the rules and relationships between *"parts of speech"*: nouns, pronouns, adjectives, verbs, adverbs, prepositions and conjunctions. Shona nouns, adjectives, verbs and adverbs share the same root but have different prefixes and/or suffixes as shown in the table below. Knowing this is key to mastering Shona vocabulary quickly.

	Table 6c Words Relationship				
General Noun	**Noun Thing**	**Noun Person**	**Verb / Gerund**	**Past Participle**
Runyoro (writing)	**Chinyoreso** (writer)	**Munyori** (writer)	**Kunyora** (to write / writing)	**kunyorwa** (written)
Urwere	-	Murwari	kurwara (to be sick)	-
Unhu	Chinhu	Munhu	-	-
Usanganisi	Musanganiso	Musanganisi	kusanganisa (to mix)	kusanganiswa
-	Chisiyiwa	Musiyiwa	kusiya (to leave behind)	kusiyiwa
Ushati	Shato	Mushati	kushata (to be ugly)	kushata
Usununguki	Rusununguko	Musununguki	kusununguka (to be free)	kusunungukwa
Usweri	Muswere	Musweri	kuswera (to spend a day)	kuswerwa
Utambi	Mutambo	Mutambi	kutamba (to dance)	kutambwa
Utangi	Dangwe	Mutangi	kutanga (to start)	kutangwa
Utongi	Mutongo	Mutongi	kutonga (to rule)	kutongwa
Utonhodzi	Donodzo	Mutonhodzi	kutonhodza (to cool)	kutonhodzwa
Utori	Chitoro	Mutori	kutora (to take)	kutorwa
-	Mauyiro	Muuyi	kuuya (to come)	kuuyiwa
Uvavisi	Chivaviso	Muvavi	kuvava (to be bitter)	kuvaviwa
Unonoki	Chinono	Munonoki	kunonoka (to be late / slow)	kunonokwa
Utauri	Mutauro	Mutauri	kutaura (to talk)	kutaurwa
Utendi	Rutendo	Mutendi	kutenda (to thank)	kutendwa
Utengi	Mutengo	Mutengi	kutenga (to buy)	kutengwa
Ushamwari	-	Shamwari	kushamwaridza (to befriend)	kushamwaridzwa

6.1 Nouns

A noun is a word that represents a name of a thing, for example, *a person*. Just like in English, Shona nouns have singular and plural forms while some nouns remain the same in both singular and plural forms. However, this is where the similarities end. Here are some important rules you should know about Shona nouns:

- Shona nouns and syllables end with a vowel.

- Shona nouns don't have *definite* article (**the**) or *indefinite* articles (**a**, **an**).

- Even if a noun is used as a subject in a sentence, it is **always** followed by a pronoun *e.g. Musikana **ari** pano > The girl, **she is** here.*

- Shona nouns are combined with prepositions. In this book, the first letter of each noun is capitalized while prepositions are all in lower case, to help you spot nouns easily.

- Latin based languages, such as Spanish, classify nouns into 4 groups: *male, female, neutral and plural,* with each group using a unique article. In Shona and English, this gender classification of nouns is not important. However, Shona classifies nouns into what is called *"noun classes"*. In Shona, noun classes simply reveal the size of the noun, whether the noun is singular or plural, a human being, a plant, a man-made object, exists in abstract form, diminutive form or argumentative form. Generally speaking, Shona has **8 noun classes** as shown in the table below. For example, all nouns for *human beings and professions* belong to *"Class 1"* and start with prefix *"Mu-"* in singular form and prefix *"Va-"* in plural form. Please note that **Class 3** singular prefix *"(Ri)-"* is used very rarely. Also, **Class 5** prefixes, *"(Yi-)"* and *"(Dzi-)"* are rarely used because this group's nouns should be exactly similar in both singular and plural forms.

- Shona nouns have to agree phonologically with adjectives. This means that when an adjective is used to describe a noun, the adjective must carry the class prefix of the noun it is describing. See the chapter on adjectives for more information.

- Shona plurals are formed in a variety of ways based on the prefixes of their singular noun classes. Therefore, when you learn singular nouns you should also learn their plural forms.

Table 6.1a Noun Classes						
		Singular Noun			Plural Noun	
Noun Class Group		Prefix	Shona	English	Prefix	Shona	English
Class 1	Humans	*Mu-*	**Mu**nhu	person	*Va-*	**Va**nhu	people
Class 2	Trees	*Mu-*	**Mu**ti	tree	*Mi-*	**Mi**ti	trees
Class 3	Countable Things/Animals	*(Ri-)*	Ziso Banga	eye knife	*Ma-*	**Ma**ziso **Ma**panga	eyes knives
Class 4	Objects	*Chi-*	**Chi**garo	chair	*Zvi-*	**Zvi**garo	chairs
Class 5	Uncountable Things/Animals	*(Yi-)-*	imba Shumba	house lion	*(Dzi-)-*	imba Shumba	houses lions
Class 6	Abstract	*Rw-*	**Rw**endo	journey	*Nz-*	**Nz**endo	journeys
Class 7	Small in quantity	*Twu-*	**Tw**upfu	flour	*Hwu-*	**Hwu**pfu	flour
Class 8	Diminutive	*Ka-*	**Ka**muti	little tree	*Zi-*	**Zi**muti	big tree

Now Go back to Chapter 6 and try grouping the body parts nouns into noun classes 1 to 8.

6.2 Adjectives

Adjectives are words that give us more information about nouns. *e.g. a **good** person.* Just like in English, Shona has adjectives and uses them to describe nouns. However, this is where the similarities end. Here are some important rules you should know about Shona adjectives:

- All Shona adjectives end with a vowel.
- All Shona adjectives come after nouns **NOT** in front of nouns as in English. Where in English you say, for example, "*a good person*"; in Shona you say "**a person good**". Sounds strange but that's the rule!
- Shona adjectives have to agree phonologically with the nouns they describe. This is done by attaching the prefix of the noun they describe in front of the adjective. For example, nouns that belong to **Noun Class 1** start with prefix "*mu-*". Therefore, their adjectives should also start with prefix "*mu-*". However, this rule doesn't apply to **Class 3 singular nouns, Class 5 singular and plural nouns** and **Class 6 plural nouns**. Study the table below to see how noun class prefixes are attached to the adjective "*chena* > white".
- When a sentence has a noun, an adjective and a possessive; the noun comes in first position, the possessive comes in second position and the adjective comes in last position.

Table 6.2a Adjectives

Noun Class Group		Singular Adjective			Plural Adjective		
		Prefix	Shona	English	Prefix	Shona	English
Class 1	*Humans*	*mu-*	**mu**chena	white	*va-*	**va**chena	white
Class 2	*Trees*	*mu-*	**mu**chena	white	*mi-*	**mi**chena	white
Class 3	*Countable Things/Animals*	*(ri)-*	jena	white	*ma-*	**ma**chena	white
Class 4	*Objects*	*chi-*	**chi**chena	white	*zvi-*	**zvi**chena	white
Class 5	*Uncountable Things/Animals*	*(yi-)*	chena	white	*(dzi-)*	chena	white
Class 6	*Abstract*	*rw-*	**rwu**chena	white	*nz-*	chena	white
Class 7	*Small in quantity*	*twu-*	**twu**chena	white	*hwu-*	**hwu**chena	white
Class 8	*Diminutive*	*ka-*	**ka**chena	white	*zi-*	**zi**jena	white

Usage Examples:

1. **White** person > **Mu**nhu **mu**chena
2. **White** people > **Va**nhu **va**chena
3. My **white** jackets > **Ma**jaketi angu **ma**chena
4. **Big** house(s) > Imba **huru**
5. His/Her **white** house > Imba yake **chena**
6. **White** house(s) > Imba **chena** / Dzimba **chena**
7. **White** bread > **Chi**ngwa **chi**chena
8. **Black** dress > Dhirezi **dema**
9. **Black** dresses > **Ma**dhirezi **ma**tema
10. **Black** suit > Sutu **tema**
11. **Black** suits > **Ma**sutu **ma**chena
12. **Young** child > **Mu**wana **mu**duku / **M**wana **mu**duku
13. **Young** children > **Va**na **va**duku

Here is a list of some commonly used Shona **singular** adjectives with full noun class prefix conjugations. Notice how the noun class prefixes are attached in front of the basic adjectives so that there is a phonologically agreement. As explained earlier, the phonological agreement rule does not apply to *Noun Classes 3 and 5.*

Table 6.2b Singular Adjectives

Adjective	Class 1, 2 mu-	Class 3 -	Class 4 -chi	Class 5 -	Class 6 rwu-	Class 7 twu-	Class 8 ka-
white	**mu**chena	jena	**chi**chena	chena	**rwu**chena	**twu**chena	**ka**chena
black	**mu**tema	dema	**chi**tema	tema	**rwu**tema	**twu**tema	**ka**tema
red	**mu**tsvuku	dzvuku	**chi**tsvuku	tsvuku	**rwu**tsvuku	**twu**tsvuku	**ka**tsvuku
long tall	**mu**refu	refu	**chi**refu	refu	**rwu**refu	**twu**refu	**ka**refu
small little short	**mu**duku	duku	**chi**duku	duku	**rwu**duku	**twu**duku	**ka**duku
big	**mu**hombe	hombe	**chi**hombe	hombe	**rwu**hombe	**twu**hombe	**ka**hombe
beautiful	**mu**shava **mu**naku	shava naku	**chi**shava **chi**naku	shava naku	**rwu**shava **rwu**naku	**twu**shava **twu**naku	**ka**shava **ka**naku
huge	**mu**kuru	guru	**chi**kuru	kuru	**rwu**kuru	**twu**kuru	**ka**kuru
few	**mu**shoma	shoma	**chi**shoma	shoma	**rwu**shoma	**twu**shoma	**ka**shoma
new	**mu**tsva	idzva	**chi**tsva	tsva	**rwu**tsva	**twu**tsva	**ka**tsva
smart*	**mu**ngwaru	ngwaru	**chi**ngwaru	ngwaru	**rwu**ngwaru	**twu**ngwaru	**ka**ngwaru
smart*	**a**kangwara	**ra**kangwara	**cha**kangwara	**dza**kangwara	**rwa**kangwara	**twa**kangwara	**ka**kangwara

*Please note that Shona doesn't have a lot of regular adjectives. Instead, past participles or past tense verbs are used as adjectives or in place of regular adjectives. The same thing happens in English. For example, in English you would say *"This is a **broken** chair / The chair **is broken**"*. Even though, "***broken***" is a past participle verb of the present tense verb "**break**", it can be used as an adjective. In the table above, "***ngwaru* > smart**" is the basic adjective. Alternatively, the past tense form "***kangwara***" which comes from the present tense verb "**kungwara > to be smart**" can used as an adjective. However, note that when a past tense verb is used as an adjective, it is conjugated with the "past tense subject pronoun" not the "noun class prefixes". Go to the verbs and pronouns chapters for more information.

Here is a list of some commonly used Shona **plural** adjectives with full noun class prefix conjugations. Notice how the noun class prefixes are attached in front of the basic adjectives so that there is a phonologically agreement. As explained earlier, the phonological agreement rule does not apply to *Noun Classes 5 and 6*.

Adjective	Class 1 **va-**	Class 2 **mi-**	Class 3 **ma-**	Class 4 **zvi-**	Class 5, 6 **-**	Class 7 **hwu-**	Class 8 **zi-**
chena	**va**chena	**mi**chena	**ma**chena	**zvi**chena	chena	**hwu**chena	**zi**jena
tema	**va**tema	**mi**tema	**ma**tema	**zvi**tema	tema	**hwu**tema	**zi**dema
tsvuku	**va**tsvuku	**mi**tsvuku	**ma**tsvuku	**zvi**tsvuku	tsvuku	**hwu**tsvuku	**zi**dzvuku
refu	**va**refu	**mi**refu	**ma**refu	**zvi**refu	refu	**hwu**refu	**zi**refu
duku	**va**duku	**mi**duku	**ma**duku	**zvi**duku	duku	**hwu**duku	-
hombe	**va**hombe	**mi**hombe	**ma**hombe	**zvi**hombe	hombe	**hwu**hombe	**zi**hombe
shava	**va**shava	**mi**shava	**ma**shava	**zvi**shava	shava	**hwu**shava	**zi**shava
naku	**va**naku	**mi**naku	**ma**naku	**zvi**naku	naku	**hwu**naku	**zi**naku
kuru	**va**kuru	**mi**kuru	**ma**kuru	**zvi**kuru	huru	**hwu**kuru	**zi**guru
shoma	**va**shoma	**mi**shoma	**ma**shoma	**zvi**shoma	shoma	**hwu**shoma	-
tsva	**va**tsva	**mi**tsva	**ma**tsva	**zvi**tsva	itsva	**hwu**tsva	idzva
zhinji	**va**zhinji	**mi**zhinji	**ma**zhinji	**zvi**zhinji	zhinji	**hwu**zhinji	-
ngwaru *	**va**ngwaru	**mi**ngwaru	mangwaru	**zvi**ngwaru	ngwaru	**hwu**ngwaru	**zi**ngwaru
kungwara *	**va**kangwara	yakangwara	akachena	**zvi**akangwara	**dz**akasviba	**hw**akasviba	**ra**kangwara

*Please note that Shona doesn't have a lot of regular adjectives. Instead, past participles or past tense verbs are used as adjectives or in place of regular adjectives. The same thing happens in English. For example, in English you would say *"This is a **broken** chair / The chair **is broken**"*. Even though, "***broken***" is a past participle verb of the present tense verb "**break**", it can be used as an adjective. In the table above, "***ngwaru*** > **smart**" is the basic adjective. Alternatively, the past tense form "***kangwara***" which comes from the present tense verb "**kungwara > to be smart**" can used as an adjective. However, note that when a past tense verb is used as an adjective, it is conjugated with the "past tense subject pronoun" not the "noun class prefixes". Go to the verbs and pronouns chapters for more information.

6.3 Subject and Object Pronouns

Pronouns are words which can be used in place of nouns. Subject pronouns are, therefore, words used in place of subject nouns, e.g., "***You** are a good person*" and object pronouns are words which can be used in place of object nouns, e.g., "*She went with **her**"*. Here are some important rules you should know about Shona pronouns:

- Shona has two groups of ***subject pronouns*** – one used with ***present tense*** verbs and the other used with ***past tense*** verbs.

- Shona pronouns are attached in front of verbs. *e.g.* **She** *is in Zimbabwe >* <u>A</u>*ri kuZimbabwe.*

- Shona pronouns are put in all sentences whether or not the sentence already has a subject noun. *e.g. The girl is in Zimbabwe > The girl,* <u>she</u> *is in Zimbabwe > Musikana* <u>a</u>*ri kuZimbabwe.*

- Prepositions are attached in front of object pronouns. *e.g. She is in Zimbabwe* **with** **<u>her</u>** *> Ari kuZimbabwe* **na<u>ye</u>**.

Table 6.3a Subject Pronouns for Present Tense Verbs				
Noun Class	**Singular**		**Plural**	
Class 1	English	Shona	English	Shona
1st Person	I	Ndi	We	Ti
2nd Person	You	U	You	Mu (formal)
3rd Person	He / She	A	They	Va (formal)
Class 2	It	U	They	I
Class 3	It	Ri	They	A
Class 4	It	Chi	They	Zvi
Class 5	It	I	They	Dzi
Class 6	It	Rwu	They	Dzi
Class 7	It	Twu	They	Hwu
Class 8	It (small size)	Ka	It (big size)	Ri

Examples:

1. **Ndi**ne Chigaro   >   **I** have a chair.
2. Ha**ndi**na Chigaro >   **I** don't have a chair.
3. **Ti**ne Zvigaro   >   **We** have chairs.
4. Ha**ti**na Zvigaro   >   **We** don't have chairs.
5. **U**ne Chigaro   >   **You** have a chair.
6. Ha**u**na Chigaro   >   **You** don't have a chair.
7. **Mu**ne Zvigaro   >   **You**(plural or formal) have chairs.
8. Ha**mu**na Zvigaro   >   **You** don't have chairs.
9. **A**ne Chigaro   >   **(S)he** has a chair.
10. Ha**a**na Chigaro   >   **She** doesn't have a chair.
11. **Va**ne Zvigaro   >   **They** have chairs.
12. Ha**va**na Zvigaro >   **They** don't have chairs.

- "*ha* > **no** or **not**".
- "*ne*" is the imperative form of the infinitive verb "*kune* > **to have**". Notice that "*ne*" changes to "*na*" when "*ha*" is used. However, some dialects have no such change.

- In English, pronouns don't change whether the verb is in present or past tense. However, as explained earlier, in Shona they do. Shona past tense verbs use past tense pronouns as shown in Table 7.3b below:

Table 6.3b Subject Pronouns for Past Tense Verbs				
Noun Class	**Singular**		**Plural**	
Class 1	English	Shona	English	Shona
1st Person	I	Nda	We	Ta
2nd Person	You	Wa	You	Ma (formal)
3rd Person	He/She	A	They	Va (formal)
Class 2	It	Wa	They	Ya
Class 3	It	Ra	They	A
Class 4	It	Cha	They	Zva
Class 5	It	Ya	They	Dza
Class 6	It	Rwa	They	Dza
Class 7	It	Twa	They	Hwa
Class 8	It (small size)	Ka	It (big size)	Ra

Examples:

1. **Nda**kaenda kuZimbabwe > **I** went to Zimbabwe.
2. Ha**ndi**na kuenda kuZimbabwe > **I** haven't gone to Zimbabwe.
3. **Ta**kaenda kuZimbabwe > **We** went to Zimbabwe.
4. Ha**ti**na kuenda kuZimbabwe > **We** haven't gone to Zimbabwe.
5. **Wa**kaenda kuZimbabwe? > **You** went to Zimbabwe?
6. Ha**u**na kuenda kuZimbabwe > **You** haven't gone to Zimbabwe.
7. **Ma**kaenda kuZimbabwe? > **You** went to Zimbabwe?
8. Ha**mu**na kuenda kuZimbabwe? > **You** haven't gone to Zimbabwe.
9. **A**kaenda kuZimbabwe > **(S)he** went to Zimbabwe.
10. Ha**a**na kuenda kuZimbabwe > **(S)he** hasn't gone to Zimbabwe.
11. **Va**kaenda kuZimbabwe > **They** went to Zimbabwe.
12. Ha**va**na kuenda kuZimbabwe > **They** haven't gone to Zimbabwe.
13. **Cha**kaenda kuZimbabwe > **It** went to Zimbabwe.
14. Ha**chi**na kuenda kuZimbabwe > **It** hasn't gone to Zimbabwe.

- "*ka*" is an infix which shows that the coming verb is in the past tense (which means that the action occurred in the past).

- "*ha* > **no** or **not**".

- "*enda*" is the imperative form of the infinitive verb "*kuenda* > **to go**".

- "*na*" in negative sentences is derived from "*ne*" the imperative form of the infinitive verb "*kune* > **to have**". In this case, "*ne*" changed to "*na*" because "*ha*" was used to make the sentence negative.

Table 6.3c Object Pronouns for both Present and Past Tense Verbs with Prepositions

Noun Class	Singular		Plural	
Class 1	**English**	**Shona**	**English**	**Shona**
1st Person	me	ni	us	su
2nd Person	you	we	you	mi (formal)
3rd Person	him / her	ye	them	vo (formal)
Class 2	it	wo	them	yo
Class 3	it	ro	them	wo
Class 4	it	cho	them	zvo
Class 5	it	yo	them	dzo
Class 6	it	rwo	them	dzo
Class 7	it	two	them	hwo
Class 8	it (small size)	ko	it (big size)	ro

Examples:

1. Akaenda kuZimbabwe ne**ni** > (S)he went to Zimbabwe with **me**.
2. Haana kuenda kuZimbabwe ne**ni** > (S)he hasn't gone to Zimbabwe with **me**.
3. Akaenda kuZimbabwe ne**su** > (S)he went to Zimbabwe with **us**.
4. Haana kuenda kuZimbabwe ne**su** > (S)he hasn't gone to Zimbabwe with **us**.
5. Ndinoda kuenda kuZimbabwe ne**we** > I want to go to Zimbabwe with **you**.
6. Handidi kuenda kuZimbabwe ne**we** > I do not want to go to Zimbabwe with **you**.
7. Ndinoda kuenda kuZimbabwe ne**mi** > I want to go to Zimbabwe with **you** (respect).
8. Handidi kuenda kuZimbabwe ne**mi** > I do not want to go to Zimbabwe with **you** (respect).
9. Akaenda kuZimbabwe na**ye** > (S)he went to Zimbabwe with **him/her**.
10. Haana kuenda kuZimbabwe na**ye** > (S)he hasn't gone to Zimbabwe with **him/her**.
11. Akaenda kuZimbabwe na**vo** > (S)he went to Zimbabwe with **them**.
12. Haana kuenda kuZimbabwe na**vo** > (S)he hasn't gone to Zimbabwe with **them**.
13. Akaenda kuZimbabwe na**cho** > (S)he went to Zimbabwe with **it**.
14. Haana kuenda kuZimbabwe na**cho** > (S)he hasn't gone to Zimbabwe with **it**.

- "*ne*" / "*na*" next to the object pronouns are prepositions which mean "**with**" in English. As explained earlier, notice how prepositions are combined with object pronouns.

- "*ka*" is an infix which shows that the coming verb is in the past tense (which means that the action occurred in the past).

- "*ha* > **no** or **not**".

- "**enda**" is the imperative form of the infinitive verb "*kuenda* > **to go**".

- "*na*" in negative sentences is derived from "*ne*" the imperative form of the infinitive verb "*kune* > **to have**". In this case, "*ne*" changed to "*na*" because "*ha*" was used to make the sentence negative.

- "*da*" is the imperative form of the infinitive verb "*kuda* > **to like, to want, to need**". In this case, "*da*" changed to "*di*" because "*ha*" was used to make the sentence negative.

Unlike in English, object pronouns in Table 7.3c can also be used as subject pronouns. However, in order to do that, an "*i*" is added in front of them as illustrated in Table 7.3d below:

Table 6.3d Object Pronouns as Subject of Sentences without Prepositions				
Noun Class	**Singular**		**Plural**	
Class 1	English	Shona	English	Shona
1st Person	me	Ini	us	Isu
2nd Person	you	Iwe	you	Imi (formal)
3rd Person	him / her	Iye	them	Ivo (formal)
Class 2	it	Iwo	them	Iyo
Class 3	it	Iro	them	Iwo
Class 4	it	Icho	them	Izvo
Class 5	it	Iyo	them	Idzo
Class 6	it	Irwo	them	Idzo
Class 7	it	Itwo	them	Ihwo
Class 8	it (small size)	Iko	it (big size)	Iro

Examples:

1. **Ini** ndakaenda kuZimbabwe > **Me,** I went to Zimbabwe.
2. **Ini** handina kuenda kuZimbabwe > **Me,** I haven't gone to Zimbabwe.
3. **Isu** takaenda kuZimbabwe > **Us,** we went to Zimbabwe.
4. **Isu** hatina kuenda kuZimbabwe > **Us,** we haven't gone to Zimbabwe.
5. **Iwe** wakaenda kuZimbabwe > **You,** you went to Zimbabwe.
6. **Iwe** hauna kuenda kuZimbabwe > **You,** you haven't gone to Zimbabwe.
7. **Imi** maka enda kuZimbabwe > **You,** you went to Zimbabwe.
8. **Imi** hamuna kuenda kuZimbabwe > **You,** you haven't gone to Zimbabwe.
9. **Iye** akaenda kuZimbabwe > **Him/Her,** (S)he went to Zimbabwe.
10. **Iye** haana kuenda kuZimbabwe > **Him/Her,** (S)he hasn't gone to Zimbabwe.
11. **Ivo** vakaenda kuZimbabwe > **Them,** they went to Zimbabwe.
12. **Ivo** havana kuenda kuZimbabwe > **Them,** they haven't gone to Zimbabwe.
13. **Iko** kakaenda kuZimbabwe > **It,** it went to Zimbabwe.
14. **Iko** hakana kuenda kuZimbabwe > **It,** it hasn't gone to Zimbabwe.

- Notice how, by adding (*i*) in front of object pronouns, they can be used as subject pronouns.
- "*ka*" is an infix which shows that the coming verb is in the past tense (which means that the action occurred in the past).
- "*enda*" is the imperative form of the infinitive verb "*kuenda* > **to go**".
- "*ha* > **no** or **not**" in English.
- "*na*" is derived from "*ne*" the imperative form of the infinitive verb "*kune* > **to have**". In this case, "*ne*" changed to "*na*" because "*ha*" was used to make the sentence negative.

6.4 Identification, Relative and Demonstrative Pronouns

In Shona, the "first person singular present tense subject pronoun *Ndi > It's*" + *"Object pronouns"* in Table 7.3d above = identification phrases.

Table 6.4a "Ndi" + Object Pronouns = Identification Phrases

Noun Class	Singular				Plural			
Class 1		Object Pronoun	Shona	English		Object Pronun	Shona	English
1st Person	Ndi	ni	Nd(**ini**)	It's (**me**).	Ti	su	T(**isu**)	It's (**us**).
2nd Person	Ndi	we	Nd(**iwe**)	It's (**you**).	Ndi	mi	Nd(**imi**) (formal)	It's (**you**).
3rd Person	Ndi	ye	Nd(**iye**)	It's (**him/her**).	Ndi	vo	Nd(**ivo**) (formal)	It's (**them**).
Class 2	Ndi	wo	Nd(**iwo**)	It's (**it**)	Ndi	yo	Nd(**iyo**)	It's (**them**)
Class 3	Ndi	ro	Nd(**iro**)	It's (**it**)	ndi	wo	Nd(**iwo**)	It's (**them**)
Class 4	Ndi	cho	Nd(**icho**)	It's (**it**)	Ndi	zvo	Nd(**izvo**)	It's (**them**)
Class 5	Ndi	yo	Nd(**iyo**)	It's (**it**)	Ndi	dzo	Nd(**idzo**)	It's (**them**)
Class 6	Ndi	rwo	Nd(**irwo**)	It's (**it**)	Ndi	dzo	Nd(**idzo**)	It's (**them**)
Class 7	Ndi	two	Ndi(**two**)	It's (**it**)	Ndi	hwo	Nd(**ihwo**)	It's (**them**)
Class 8	Ndi	ko	Nd(**iko**)	It's (**it**)	Ndi	ro	Nd(**iro**)	It's (**it**)

Examples:

1. **Ndini** ndabika > **It's me** who cooked.
2. **Handisini** ndabika > **It's not me** who has cooked.
3. **Ndini** ndi**sina** kubika > **It's me** who **hasn't** cooked.
4. **Tisu** tabika > **It's us** who cooked.
5. **Hatisisu** tabika > **It's not us** who have cooked.
6. **Tisu** ti**sina** kubika > **It's us** who **haven't** cooked.
7. **Ndiwe** wabika > **It's you** who cooked.
8. **Hausiwe** wabika > **It's not you** who has cooked.
9. **Ndiwe** u**sina** kubika > **It's you** who **hasn't** cooked.
10. **Ndimi** mabika > **It's you**(respect/plural form) who cooked.
11. **Hamusimi** mabika > **It's not you** who have cooked.
12. **Ndimi** mu**sina** kubika > **It's you**(formal) who **haven't** cooked.
13. **Ndiye** abika > **It's him/her** who cooked.
14. **Haasiye** abika > **It's not him/her** who cooked.
15. **Haasiye** asina kubika > **It's not him/her** who hasn't cooked.
16. **Ndiye** asina kubika > **It's him/her** who hasn't cooked.
17. **Ndivo** vabika > **It's them** who cooked = **They** cooked.
18. **Havasivo** vabika > **It's not them** who have cooked.
19. **Ndivo** va**sina** kubika > **It's them** who **haven't** cooked.

- "*bika*" is the imperative form of the infinitive verb "*kubika* > **to cook**".
- "*ha*" means "**not**" or "**no**" in Shona.

A relative pronoun is a word used in place of a known noun to join two sentences. e.g. *This is the house. He built the house > This is the house **which** he built.* In Shona, there are two groups of relative pronouns--one used with present tenses verbs and one used with past tense verbs. Note that relative pronouns are really subject pronouns explained earlier.

Table 6.4b Present Tense Relative Pronouns				
Noun Class	Singular		Plural	
Class 1	Shona	English	Shona	English
1st Person	ndi	who	ti	who
2nd Person	u	who	mu (formal)	who
3rd Person	a	who	va (formal)	who
Class 2	u	which	i	which
Class 3	ri	which	a	which
Class 4	chi	which	zvi	which
Class 5	yi	which	dzi	which
Class 6	rwu	which	dzi	which
Class 7	twu	which	hwu	which
Class 8	ka (small size)	which	ri (big size)	which

Examples:

1. Ndini **ndi**ri kubika > It's me **who** is cooking.
2. Ndini **ndi**siri kubika > It's me **who** is not cooking.
3. **Handisini** ndiri kubika > **It's not me** who is cooking.
4. Tisu **ti**ri kubika > It's us **who** is cooking.
5. Tisu **ti**siri kubika > It's us who are not cooking.
6. **Hatisisu** tiri kubika > **It's not us** who are cooking.
7. Ndiwe **u**ri kubika > It's you **who** is cooking.
8. Ndiwe **u**siri kubika > It's you **who** is not cooking.
9. **Hausiwe** uri kubika > **It's not you** who is cooking.
10. Ndimi **mu**ri kubika > It's you (formal) **who** is cooking.
11. Ndimi **mu**siri kubika > It's you who are not cooking.
12. **Hamusimi** muri kubika > **It's not you** who are cooking.
13. Ndiye **a**ri kubika > It's him/her **who** is cooking.
14. **Haasiye** ari kubika > **It's not him /her** who is cooking.
15. Ndivo **va**ri kubika > It's them **who** are cooking.
16. Ndivo **va**siri kubika > It's them **who** are not cooking.
17. **Havasivo** vari kubika > **It's not them** who are cooking.
18. Ndicho **chi**ri kubika > It's it **which** is cooking.
19. Ndicho **chi**siri kubika > It's it **which** is not cooking.

- "*siri* > **is not**". "*ri*" is the "imperative" form of the infinitive verb "*kuri* > **to be**".
- Notice how relative pronouns, like all pronouns, are attached in front of verbs.

Table 6.4c Past Tense Relative Pronouns

Noun Class	Singular		Plural	
Class 1	Shona	English	Shona	English
1st Person	nda	who	ta	who
2nd Person	wa	who	ma (formal)	who
3rd Person	a	who	va (formal)	who
Class 2	wa	which	ya	which
Class 3	ra	which	a	which
Class 4	cha	which	zva	which
Class 5	ya	which	dza	which
Class 6	rwa	which	dza	which
Class 7	twa	which	hwa	which
Class 8	ka (small size)	which	ra (big size)	which

Examples:

1. Ndini **nda**bika   >   It's me **who** cooked.
2. Ndini **ndi**sina kubika   >   It's me **who** hasn't cooked.
3. **Handisini** ndabika   >   **It's not me** who cooked.
4. Tisu **ta**bika   >   It's us **who** cooked.
5. Tisu **ti**sina kubika   >   It's us **who** hasn't cooked.
6. **Hatisisu** tabika   >   **It's not us** who cooked.
7. Ndiwe **wa**bika   >   It's you **who** cooked.
8. Ndiwe **u**sina kubika   >   It's you **who** hasn't cooked.
9. **Hawusiwe** wabika   >   **It's not you** who cooked.
10. Ndimi **ma**bika   >   It's you(formal) **who** cooked.
11. Ndimi **mu**sina kubika   >   It's you **who** hasn't cook.
12. **Hamusimi** mabika   >   **It's not you** who cooked.
13. Ndiye **a**bika   >   It's him/her **who** cooked.
14. Ndiye **a**sina kubika   >   It's him/her **who** hasn't cooked.
15. **Haasiye** abika   >   **It's not him/her** who cooked.
16. Ndivo **va**bika   >   It's them **who** cooked.
17. Ndivo **va**sina kubika   >   It's them **who** haven't cooked.

- "*siri* > is not".
- "*ri*" is the "imperative" form of the infinitive verb "*kuri* > to be".
- Notice how relative pronouns, like all pronouns, are attached in front of verbs.

Demonstrative pronouns are words used to show the location of nouns. *e.g. **That** girl is beautiful.*

	Table 6.4d Demonstrative Pronouns							
	Singular				**Plural**			
Distance	**Near Objects**		**Far Objects**		**Near Objects**		**Far Objects**	
	Shona	English	Shona	English	Shona	English	Shona	English
Class 1	Uyu	This	Uyo	That	Ava	These	Avo	Those
Class 2	Uyu	This	Uyo	That	Iyi	These	Iyo	Those
Class 3	Iri	This	Iro	That	Aya	These	Ayo	Those
Class 4	Ichi	This	Icho	That	Izvi	These	Izvo	Those
Class 5	Iyi	This	Iyo	That	Idzi	These	Idzo	Those
Class 6	Urwu	This	Urwo	That	Idzi	These	Idzo	Those
Class 7	Utwu	This	Utwo	That	Uhwu	These	Uhwo	Those
Class 8	Aka	This	Ako	That	Izvi	These	Izvo	Those

Examples:
1. Munhu **uyu** anoda kurara > **This** person, (s)he wants to sleep.
2. Munhu **uyu** haadi kurara > **This** person, s(he) doesn't want to sleep.
3. Munhu **uyo** anoda kurara > **That** person, (s)he wants to sleep.
4. Munhu **uyo** haadi kurara > **That** person, (s)he doesn't want to sleep.
5. Vanhu **ava** vanoda kurara > **These** people, they want to sleep.
6. Vanhu **ava** havadi kurara > **These** people, they don't want to sleep.
7. Vanhu **avo** vanoda kurara > **Those** people, they want to sleep.
8. Vanhu **avo** havadi kurara > **Those** people, they don't want to sleep.

- "***ha*** > **not** or **no**".
- "***da***" is the imperative verb form of infinitive verb "***kuda*** > **to like, to love, to need**". "***da***" changes to "***di***" when "***ha***" negation is used.
- "***kurara***" means to sleep.
- "***no***" infix signals that the coming verb is in "simple present tense"
- notice how demonstrative pronouns, like all pronouns, are attached in the front of the "helping imperative verb > ***da***".

6.5 Verbs

Verbs are words that convey action or the state of being, *e.g. "to be" or "to go"*. Here are some important rules you should know about Shona verbs:

- All Shona verbs end with a vowel and, except for "***kuri*** > to be" and "***kune*** > to have", that end vowel is always "**-a**"

- Shona verbs, in the infinitive form, all start with the preposition "**ku**" which means "**to**". In other words, *"**ku** + imperative verb = infinitive verb".* For example, *"ku + bika = **kubika** >* **to cook**". To change an infinitive verb to an imperative verb, you just drop off the preposition "**ku**".

- The infinitive verb becomes a gerund when used with helping verb ***"kuri > to be"***. For example, "*Ndiri kubika*" means "*I am cooking*".

- Every "verb" in Shona sentences has to have a pronoun attached in front of it even if the sentence already has a noun as the subject of that sentence. e.g., *The child **is** in Zimbabwe > The child, **she is** in Zimbabwe > Mwana **ari** kuZimbabwe*. In this example, "**a > (s)he**" is the pronoun for the noun "**Mwana > child**" and "***ri* > is**" is the verb. Sounds different to English but that's the rule!

- Pronouns and verbs are combined to form one word. For example, "*I am cooking*" is written "*Ndiri kubika*" **not** "*Ndi ri kubika*".

- The imperative verb is the most important verb in Shona because it is the one that is used to conjugate verbs. However, note that Shona doesn't have verb tenses per se. To show a verb tense, you simply add an "*infix*" in front of the "*imperative verb*". These various infixes will be explained to you in the proceeding pages.

Table 6.5a Present Tense Conjugation of "kuri >to be"				
Noun Class	**Singular**		**Plural**	
Class 1	English	Shona	English	Shona
1st Person	am	ri	are	ri
2nd Person	are	ri	are	ri
3rd Person	is	ri	are	ri
Class 2	is	ri	are	ri
Class 3	is	ri	are	ri
Class 4	is	ri	are	ri
Class 5	is	ri	are	ri
Class 6	is	ri	are	ri
Class 7	is	ri	are	ri
Class 8	is	ri	are	ri

Examples:

1. Ndi**ri** kubika   >   I **am** cooking.
2. Nda**nga** ndi**ri** kubika >   I **was** cooking.
3. **Handisi** kubika   >   **I am not** cooking.
4. Nda**nga** ndi**si**ri kubika > I **was not** cooking.
5. Ti**ri** kubika   >   We **are** cooking.
6. **Hatisi** kubika   >   We **are not** cooking.
7. U**ri** kubika   >   You **are** cooking.
8. **Hausi** kubika   >   You **are not** cooking.
9. Mu**ri** kubika   >   You **are** cooking.
10. **Hamusi** kubika   >   You **are not** cooking.
11. A**ri** kubika   >   (S)he **is** cooking.
12. **Haasi** kubika   >   (S)he **is not** cooking.
13. Va**ri** kubika   >   They **are** cooking.
14. **Havasi** kubika   >   They **are not** cooking.
15. **Ha**ndibiki   >   I **do not** cook.

- Review the Pronouns Chapter to understand the pronouns used in the above examples.
- Notice how the **"present tense subject pronouns"** are attached in front of "**verbs**".
- Past tense pronoun + infix "***nga***" signals that the coming verb is in "past continuous tense". i.e. "*ri* > **was** not **am**", when "***nga***" is used.

Noun Class	Singular		Plural	
Class 1	**English**	**Shona**	**English**	**Shona**
1st Person	have	ne	have	ne
2nd Person	have	ne	have	ne
3rd Person	has	ne	have	ne
Class 2	has	ne	have	ne
Class 3	has	ne	have	ne
Class 4	has	ne	have	ne
Class 5	has	ne	have	ne
Class 6	has	ne	have	ne
Class 7	has	ne	have	ne
Class 8	has	ne	have	ne

Table 6.5b Present Tense Conjugation of "kune > to have"

Examples:
1. Ndi**ne** Mari > I **have** money.
2. Ndi**ne** Mari here? > Do I **have** money?
3. **Ha**ndi**na** Mari > I **have no** money.
4. Ti**ne** Mari > We **have** money.
5. **Ha**ti**ne** Mari > We **have no** money.
6. U**ne** Mari > You **have** money.
7. U**ne** Mari here? > Do you **have** money?
8. **Hau**na Mari > You **have no** money.
9. Mu**ne** Mari > You **have** money.
10. **Ha**mu**na** Mari > You **have no** money.
11. A**ne** Mari > He/She **has** money.
12. **Ha**a**na** Mari > He/She **has no** money.
13. Va**ne** Mari > They **have** money.
14. **Ha**va**na** Mari > They **have no** money.
15. **Hapana** mari > **There is no** money.
16. **Hakuna** mari > **There is no** money.

- Review the Pronouns Chapter to understand the pronouns used in the above examples.
- Notice how the **"past tense subject pronouns"** are attached to the front of "**verbs**".
- "*ne*" is the imperative form of the infinitive verb "*kune*" which means "**to have / to hold**". Sometimes "-*na*" ending can be used instead of "-*ne*".

Noun Class	Singular		Plural	
	Table 6.5c Past Tense Conjugation of "kuva > to have"			
Class 1	**English**	**Shona**	**English**	**Shona**
1st Person	have	va	have	va
2nd Person	have	va	have	va
3rd Person	have	va	have	va
Class 2	have	va	have	va
Class 3	have	va	have	va
Class 4	have	va	have	va
Class 5	have	va	have	va
Class 6	have	va	have	va
Class 7	have	va	have	va
Class 8	have	va	have	va

Examples:

1. **Ndava** ne Mari   >   **I have** money. (having money in general).
2. **Ndaiva** neMari   >   **I had** money.
3. Ndaiva ndi**sina** Mari >   I had **no** money.
4. **Tava** neMari   >   **We have** money.
5. **Taiva** neMari   >   **We had** money.
6. Taiva ti**sina** Mari   >   We had **no** money.
7. **Wava** neMari   >   **You have** money.
8. **Waiva** neMari   >   **You had** money.
9. Waiva u**sina** Mari   >   You had **no** money.
10. **Mava** neMari   >   **You have** money (plural or formal)
11. **Maiva** neMari   >   **You had** money.
12. Maiva mu**sina** Mari   >   You had **no** money.
13. **Ava** neMari   >   **(S)he has** money.
14. **Aiva** neMari   >   **S(he) had** money.
15. Aiva a**sina** Mari   >   S(he) had **no** money.
16. **Vava** neMari   >   **They have** money.
17. **Vaiva** neMari   >   **They had** money.
18. Vaiva va**sina** Mari   >   They had **no** money.
19. **Chava** neMari   >   **It has** money.
20. **Chaiva** neMari   >   **It had** money.
21. Chaiva chi**sina** Mari >   It had **no** money.
22. **Zvava** neMari   >   **They have** money.
23. **Zvaiva** neMari   >   **They had** money.
24. Zvaiva zvi**sina** Mari >   They had **no** money.

- Review the Pronouns Chapter to understand the pronouns used in the above examples.

- Notice how the "**subject pronouns**" are attached to the front of "**verbs**".

- "*ne*" is a preposition which means "**with**".

- "*Mari* > *m*oney".

- "*sina* > **no**"

Noun Class	Singular		Plural	
Class 1	English	Shona	English	Shona
1st Person	love	kuda	love	kuda
2nd Person	love	kuda	love	kuda
3rd Person	love	kuda	love	kuda
Class 2	love	kuda	love	kuda
Class 3	love	kuda	love	kuda
Class 4	love	kuda	love	kuda
Class 5	love	kuda	love	kuda
Class 6	love	kuda	love	kuda
Class 7	love	kuda	love	kuda
Class 8	love	kuda	love	kuda

Table 6.5d   Present Tense Conjugation of "kuda > to love"

Examples:
1. **Ndino**kuda (iwe*) > I **love** you.
2. **Ha**ndikudi (iwe) > I **don't** love you.
3. **Tino**kuda (iwe) > We **love** you.
4. **Ha**tikudi (iwe) > We **don't** love you.
5. **U**nondi**da** (ini) > You **love** me.
6. **Ha**undidi (ini) > You **don't** love me.
7. **Mu**nondida (ini) > You **love** me.
8. **Ha**mundidi (ini) > You **don't** love me.
9. **A**nondida (ini) > S(he) loves me.
10. **Ha**andidi (ini) > S(he) **doesn't** love me.
11. **Va**nondida (ini) > They love me.
12. **Ha**vandidi (ini) > They **don't** love me.
13. **Chi**nokuda (ini) > It loves you.
14. **Ha**zvikudi (ini) > They **don't** love you.

(*) These pronouns are mostly omitted when speaking.
- Review the Pronouns Chapter to understand the pronouns used in the above examples.
- Notice how the "**subject pronouns**" are attached to the front of "**infixes**" and "**verbs**".
- "**no**" is an infix which tells that the coming *"infinitive verb"* is in *"simple present tense"*.
- "*ha* > **no** or **not**".
- Notice how "*kuda*" changes to "*kudi*" when the sentence is negated by "*ha*".

Table 6.5e Simple Tense Conjugations ("sing > imba")

Noun Class	Present Simple	Past Simple	Future Simple	Present Simple	Past Simple	Future Simple
Class 1		Singular			Plural	
1st person	ndinoimba	ndakaimba	ndinoimba / ndichaimba	tinoimba	takaimba	tinoimba / tichaimba
2nd person	wunoimba	wakaimba	unoimba / uchaimba	munoimba	makaimba	munoimba / muchaimba
3rd person	anoimba	akaimba	anoimba / achaimba	vanoimba	vakaimba	vanoimba / vachaimba
Class 2	wunoimba	wakaimba	wunoimba / wuchaimba	yinoimba	yakaimba	yinoimba / yichaimba
Class 3	rinoimba	rakaimba	rinoimba / richaimba	anoimba	akaimba	anoimba / achaimba
Class 4	chinoimba	chakaimba	chinoimba / chichaimba	zvinoimba	zvakaimba	zvinoimba / zvichaimba
Class 5	yinoimba	yakaimba	yinoimba / yichaimba	dzinoimba	dzakaimba	dzinoimba dzichaimba
Class 6	rwunoimba	rwakaimba	rwunoimba / rwuchaimba	dzinoimba	dzakaimba	dzinoimba / dzichaimba
Class 7	twunoimba	twakaimba	twunoimba / twuchaimba	hwunoimba	hwakaimba	hwunoimba / hwuchaimba
Class 8	kanoimba	kakaimba	kanoimba / kachaimba	zvinoimba	rakaimba	rinoimba / richaimba

- Notice how the "present tense subject pronouns" are attached in front of "infixes and imperative verbs".
- "**no**" infix is used to show that the coming verb is in "simple present tense". This infix is not used with verbs "to be > *kuri*" and "to have > *kune*". This infix is put in between the present tense pronoun and the imperative verb. e.g. Ti**no**enda kuZimbabwe kamwe paGore > We go to Zimbabwe once a year.
- "**ka**" infix is used to show that the coming verb is in "simple past tense". This infix is not used with verbs "to be > *kuri*" and "to have > *kune*". This infix is put in between the past tense pronoun and the imperative verb. e.g. Ta**ka**enda kuZimbabwe > We went to Zimbabwe.
- "**cha**" infix is used to show that the coming verb is in "simple future tense". This infix is not used with verbs "to be > *kuri*" and "to have > *kune*". This infix is put in between the present tense pronoun and the imperative verb. e.g. Ti**cha**enda kuZimbabwe > We will go to Zimbabwe.

Table 6.5f Continuous Tense Conjugations ("sing > imba")

Noun Class	Present continuous	Past Continuous	Future Continuous	Present Continuous	Past Continuous	Future Continuous
Class 1		**Singular**			**Plural**	
1st person	ndiri kuimba.	ndanga ndiri kuimba.	ndichange ndiri kuimba.	tiri kuimba.	tanga tiri kuimba.	tichange tiri kuimba.
2nd person	wuri kuimba.	wanga wuri kuimba.	wuchange wuri kuimba.	muri kuimba.	manga muri kuimba.	muchange muri kuimba.
3rd person	ari kuimba.	anga ari kuimba.	achange ari kuimba.	vari kuimba.	vanga vari kuimba.	vachange vari kuimba.
Class 2	wuri kuimba.	wanga wuri kuimba.	wuchange wuri kuimba.	yiri kuimba.	yanga yiri kuimba.	yichange yiri kuimba.
Class 3	riri kuimba.	ranga riri kuimba.	richange riri kuimba.	ari kuimba.	anga ari kuimba.	achange ari kuimba.
Class 4	chiri kuimba.	changa chiri kuimba.	chichange chiri kuimba.	zviri kuimba.	zvanga zviri kuimba.	zvichange zviri kuimba.
Class 5	yiri kuimba.	yanga yiri kuimba.	yichange yiri kuimba.	dziri kuimba.	dzanga dziri kuimba.	dzichange dziri kuimba.
Class 6	rwuri kuimba	rwanga rwuri kuimba	rwuchange rwuri kuimba	dziri kuimba.	dzanga dziri kuimba.	dzichange dziri kuimba.
Class 7	rwuri kuimba	twanga twuri kuimba.	twuchange twuri kuimba.	hwuri kuimba	hwanga hwuri kuimba	hwuchange hwuri kuimba
Class 8	kari kuimba.	kanga kari kuimba.	kachange kari kuimba.	riri kuimba.	ranga riri kuimba.	richange riri kuimba.

- Notice how the "**subject pronouns**" are attached in front of "**infixes** and helping verb (*ri*)".

- "**ri**" is the "imperative form" of the verb "**kuri > to be**". It is also used as a helping verb or alone just like in English. "**ri**" used with "infinitive verb" signals that the infinitive verb is in "present continuous tense".

- "**nga**" infix used with present tense helping verb (**ri**) signals that the coming main verb is in "past continuous tense". This infix is placed after past tense pronouns, e.g. *Ta**nga** tiri kuimba / Ta**nga** tichiimba > We were singing.*

- "**change**" infix used with past tense of helping verb "**ri**" signals that the coming main verb is in "future continuous tense". This infix is placed after present tense pronouns. e.g. *Ti**change** tiri kuimba / Ti**change** tichiimba > We will sing.*

Table 6.5g Perfect Tense Conjugations ("sing = imba")

Noun Class	Present Perfect	Past Perfect	Future Perfect	Present Perfect	Past Perfect	Future Perfect
Class 1		Singular			Plural	
1st person	ndaimba	ndanga / ndaiva ndaimba.	ndichange / ndichava ndaimba.	taimba.	tanga / taiva taimba.	tichange / tichava taimba.
2nd person	waimba	wanga / waiva waimba.	wuchange / wuchava waimba.	maimba	manga / maiva maimba.	muchange / muchava maimba.
3rd person	aimba	anga / aiva aimba.	achange / achava aimba.	vaimba	vanga / vaiva vaimba.	vachange / vachava vaimba.
Class 2	waimba	wanga / waiva waimba.	wuchange / wuchava waimba.	yaimba	yanga / yaiva yaimba.	yichange / yichava yaimba.
Class 3	raimba	ranga / raiva raimba.	ruchange / ruchava rwaimba.	aimba	anga / aiva aimba.	achange / achava aimba.
Class 4	chaimba	changa / chaiva chaimba.	chichange / chichava chaimba.	zvaimba	zvanga / zvaiva zvaimba.	zvichange / zvichava zvaimba.
Class 5	yaimba	yanga / yaiva yaimba.	yichange / yichava yaimba.	dzaimba	dzanga / dzaiva dzaimba.	dzichange / dzichava dzaimba.
Class 6	rwaimba	rwanga / rwaiva rwaimba.	rwuchange / rwuchava rwaimba.	dzaimba	dzanga / dzaiva dzaimba.	dzichange / dzichava dzaimba.
Class 7	twaimba	twanga / twaiva twaimba.	twuchange / twuchava twaimba.	hwaimba	hwanga / hwaiva hwaimba.	hwuchange / hwuchava hwaimba.
Class 8	kaimba	kanga / kaiva kaimba.	kachange / kachava kaimba.	zvaimba	zvanga / zvaiva zvaimba.	zvichange / zvichava zvaimba.

- Notice how "**subject pronouns**" are attached to the front of "**infixes** and **verbs**".

- "past tense pronoun + imperative verb" means that the verb tense is in "present perfect". *e.g Ndaimba > I have sung.*

- "**nga**" or "**iva**" infixe used with "past tense pronoun" signal that the coming verb is in the "past perfect tense > had + participle" in English. *e.g. Nda**nga** ndaimba / Nda**iva** ndaimba > I had sung.*

- "**change**" or "**chava**" infixe used with "present tense pronoun" signals that the coming verb is in the "future perfect tense > will + have + participle" in English. *e.g. Ndi**change** ndaimba / Ndi**chava** ndaimba > I will have sung.*

Table 6.5h Must Know Verbs

Shona	English	Shona	English
kuita	to do	kugona	to be able to
kuri	to be	kune	to have
kuva	to have	kutamba	to dance
kubuda	to exit	kubudirira	to succeed
kuneta	to be tired	kutora	to take
kufarira	to like	kutorwa	to be taken
kunetsa	to be difficult	kuoneka	to say goodbye
kutumwa	to be sent	kurwara	to be sick

Table 6.5h Must Know Verbs Continued

Shona	English	Shona	English
kutenga	to buy	kuona	to see
kutengesa	to sell / to betray	kutaura	to talk
kugara	to sit / live / stay	kunzwa	to hear
kusimuka	to stand up / depart	kugona	to be able (to pass)
kuodha	to order	kukundikana	to fail
kusara	to stay (remain behind)	kusimba	to be strong
kuenda	to go	kusimbisa	to strengthen / to greet
kumuka	to wake up	kunyora	to write
kugeza	to shower	kuimba	to sing
kupfeka	to put clothes on	kutamba	to dance
kubika	to cook	kuzvara	to give birth
kumwa	to drink	kuurawa	to be killed
kudya	to eat	kuuraya	to kill
kufamba	to walk	kutenda	to thank
kunzi	to be named	kuuchira	to clap (hands)
kudhiraiva	to drive	kumutsa	to wake someone up
kumhanya	to run	kuda	to like / to love
kushanda	to work	kuseka	to laugh
kudzoka	to come back	kusekerera	to smile
kudzora	to return	kuchema	to cry
kufona / kufonera	to phone	kufara	to be happy
kufa	to die	kumhorosa	to greet
kutsamwa	to be sad	kuperekedza	to accompany
kuda	to love / would like	kuperekedzwa	to be accompanied
kudiwa	to be loved	kuroora	to marry
kutuma	to send	kutanga	to start

Table 6.5j   Leisure Activities

English	Shona
I play tennis.	Ndinotamba Tenisi.
I like tennis.	Ndinofarira Tenisi.
I play soccer / football.	Ndinotamba Bhora.
I learn languages.	Ndinodzidza Mitauro.
I like swimming.	Ndinofarira kudhigidha.
I like to travel. (I like to walk journeys)	Ndinofarira kufamba Nzendo.
I like music.	Ndinofarira Mimhanzi.
I like playing drums.	Ndinofarira kuridza Ngoma.
I like nature. (I like walking in the forest).	Ndinofarira kufamba muDondo.
I like watching movies.	Ndinofarira kuona Mamuvhi.
I like reading.	Ndinofarira kuverenga.
I don't like swimming.	Handifariri kudhighidha.
I don't like music.	Handifariri Mimhanzi.
Do you like music?	Unofarira Mimhanzi here?
Do you like soccer / football?	Unofarira Bhora here?

- "*kufarira* > **to enjoy**".
- "*here*" is a filler word used in Shona to show that the sentence is a question.

6.6 Adverbs

Adverbs are words which tell more information about verbs or adjectives – i.e. How an action is/was done, how many times an action is/was done, or the degree of the adjective. e.g. *He drives **carefully**.*

Shona doesn't have a lot of adverbs like in English. Here are some of the few ones that exist.

Table 6.6a Adverbs	
English	**Shona**
well / nicely / kindly / beautifully	zvakanaka
enough	zvakakwana
very much	chaizvo
slowly	zvishoma / porepore
only	chete
quickly	kurumidza / kurumidzayi (respect)
maybe	pamwe
together	pamwe chete
unexpectedly / suddenly	poriporipocho
hard	zvakasimba
dangerously / badly	zvakashata
calmly / quietly	zvakanyarara
sometimes	dzimwe nguva
here	pano
very	zvakanyanya
all the time	nguva dzese
today	nhasi
tomorrow	mangwana
please	kani
monthly	PaMwedzi > per month
month after month	mwedzi ne mwedzi

Table 6.6a Adverbs Continued

English	Shona
day after day	zuva ne zuva
weekly	PaVhiki > per week
week after week	vhiki ne vhiki
yearly	paGore
year after year	gore ne gore
everywhere	pese (pese)
daily	PaZuva > per day
yesterday	nezuro
last year	gore rapera
long time ago	kare (kare)
now / right now	zvino / ikozvino
next year	gore rinouya
everyone	mese (mese)
next week	vhiki inouya
yet	sati
only	chete
again	futi / zvekare
together	pamwe chete
also	zvekare
alone	noun class prefix + -ga
everything / altogether	zvese (zvese) / ese (ese)

6.7 Prepositions

Prepositions are words which show a relationship between a subject and an object in a sentence. e.g. *She went **to** the store.*

- All Shona prepositions end with a vowel.

- Sometimes the end vowel of the preposition change from "a" to "a" depending on whether the coming noun is for people or things as illustrated in the table below.

- Shona prepositions are combined with object pronouns.

- Shona prepositions are combined with nouns. In this book, the prepositions are combined with nouns as well, but are small lettered whereas nouns' first letters are capitalized.

- If a subject noun starts with a preposition, the preposition is considered a new prefix and the same preposition is attached in front of the coming verb and/or possessive. *e.g.* __pa__*Imba* __pe__*du* __pa__*ne vanhu vakawanda > At our house, there are many people.*

Table 6.7a Prepositions

Preposition	Singular Nouns / People	Plural Nouns / Things
in	mu	mu ....
inside of / into / through	mukati ma	mukati me ....
on top of / over / above	paMusoro pa	paMusoro pe ....
on / at	pa	pa ....
between	pakati pa	pakati pe ....
to	ku / kwa / kuna	ku / kwa / kune ....
with	na........................	ne ....
from / out of	ku / kwa..................	ku / kwa ....
of	see possessives in Table 7.8a	see possessives in Table 7.8a
under	pasi pa	pasi pe ....
next to / by	pedo na	pedo ne ....
behind	kwuMasure kwa	kwuMasure kwe ....
to the front of / in front of	kwuMberi kwa	kwuMberi kwe ....
above (to the heaven or sky)	kuDenga	kuDenga
since	kubvira	-
since when?	kubvira riini?	-
across	kwuMhiri kwa	kwuMhiri kwe ......
after	kupfuura	kupfuura
under	pasi pa …...	pasi pe ......
without	usina / musina	pasina ....

Complete the following sentences with the correct prepositions.

1. Chingwa chiri kupi?

   Chingwa chiri ____Tafura.   >   The bread is **on** the table.

2. Imbwa iri kupi?

   Imbwa iri ____ ____Tafura.   >   The dog is **under** the table.

3. Dhokota ari kupi?   >   The doctor is where?

   Doctor ari ___Hotel.   >   The doctor is **in** the hotel.

4. Murume ari kupi?   >   The man is where?

   Murume ari ___Toilet   >   The man is **in** the toilet.

5. Foni iri kupi?   >   The phone is where?

   Foni iri ___Imba ___kutandara   >   The phone is in the relaxing room.

Answers: *pa, pasi pe, mu, mu, mu ye.*

6.8 Possessives

- A possessive is a word which is used to show who owns or have something.
  *e.g. This is **my** car > Iyi iMotokari **yangu**.*

- Shona possessives are simply "past tense subject pronouns + new modified endings" as shown in the table below.

- Please note that possessives come after the nouns **NOT** in front of nouns like in English.
  *e.g. In English you say "**my car**", but in Shona you say "**car my**".*

- When you have an adjective and possessive in one sentence, the possessive comes in front of the adjective. *e.g. This is **my** white car > Iyi Motokari **yangu** **chena**.*

Table 6.8a Possessives

Indicative	Noun Class Prefix	Singular	Plural	Noun Class Prefix	Singular	Plural
1st Person		My (-ngu)	My (-ngu)		Our (-du)	Our (-du)
	Class 1	wangu	vangu	Class 1	wedu	vedu
	Class 2	wangu	yangu	Class 2	wedu	yedu
	Class 3	rangu	angu	Class 3	redu	edu
	Class 4	changu	zvangu	Class 4	chedu	zvedu
	Class 5	yangu	dzangu	Class 5	yedu	dzedu
	Class 6	rwangu	dzangu	Class 6	rwedu	dzedu
	Class 7	twangu	hwangu	Class 7	twedu	hwedu
	Class 8	kangu	zvangu	Class 8	kedu	zvedu
2nd Person		Your (-ko)	Your (-ko)		Your (-nyu)	Your (-nyu)
	Class 1	wako	vako	Class 1	wenyu	venyu
	Class 2	wako	yako	Class 2	wenyu	yenyu
	Class 3	rako	ako	Class 3	renyu	enyu
	Class 4	chako	zvako	Class 4	chenyu	zvenyu
	Class 5	yako	dzako	Class 5	yenyu	dzenyu
	Class 6	rwako	dzako	Class 6	rwenyu	dzenyu
	Class 7	twako	hwako	Class 7	twenyu	hwenyu
	Class 8	kako	zvako	Class 8	kenyu	zvenyu
3rd Person		His/Her/Its (-ke)	His/Her/Its (-ke)		Their (-vo)	Their (-vo)
	Class 1	wake	vake	Class 1	wavo	vavo
	Class 2	wake	yake	Class 2	wavo	yavo
	Class 3	rake	ake	Class 3	ravo	avo
	Class 4	chake	zvake	Class 4	chavo	zvavo
	Class 5	yake	dzake	Class 5	yavo	dzavo
	Class 6	rwake	dzake	Class 6	rwavo	dzavo
	Class 7	twake	hwake	Class 7	twavo	hwavo
	Class 8	kake	zvake	Class 8	kavo	zvavo

Possessive Examples: Phrases for Introducing your Family

	6.8b Phrases for Introducing your Family	
	Informal	**Formal**
This is my..........	Uyu (ndi) .... wangu.	Ava ndi .... vangu.
This is the...... of	Uyu (ndi) .... wa	Ava ndi ndi ....va.......
Is that your father?	Ndi baba vako here?	Ndi baba venyu here?
His name is..........	Zita rake ndi............	Zita ravo ndi...................
This is my.........	Uyu (ndi)............ wangu	Ava ndi...........vangu.
These are my	Ava ndi................ vangu	Ava ndi .... vangu.
Their names are.......	Mazita avo ndi..........	Mazita avo ndi............
Is that your......	Ndi............vako here?	Ndi............venyu here?
What is his/her name?	Zita rake ndiyani?	Zita ravo ndiyani?
What are their names?	Mazita avo ndiyani?	Mazita avo ndiyani
How old is (s)he?	Ane Makore mangani?	Vane Makore mangani?
mother	Amai	
grandmother	Ambuya	
sister	Hanzvadzi	
daughter	Mwana musikana	
girlfriend	Musikana	
niece	Muzukuru	
aunt	Vatete	
wife	Mukadzi	
father	Baba	
grandfather	Sekuru	
older brother	Mukoma	
younger brother	Munin'ina	
husband	Murume	
boyfriend	Mukomana	
friend	Shamwari / Sahwira	
son	Mwana mukomana	
child	Mwana	
parents	Vabereki	

6.9 Conjunctions

Conjunctions are words used to connect two nouns or two sentences. e.g. *She likes Italian food. She likes Zimbabwean food.* > *She likes Italian **and** Zimbabwean food.*

Table 6.9a Conjunctions	
English	**Shona**
a. coordinating conjunctions	
and (noun phrase + noun phrase)	na / ne
but (sentence + sentence)	asi
or (verb + verb)	kana
so (sentence + sentence)	saka
b. correlative conjunctions:	
both.....and (subject + subject)	…...... na / ne …..........
either....or (noun + noun)	…......... kana ….........
neither....nor (subject + subject)	pasina ...... kana …...........
not only....., but also (sentence + sentence)	kwete …....... chete, asi …...... zvekare
c. subordinating conjunctions	
1. time	
after	subject pronouns + -pedza
before	subject pronouns + -sati
when	kana
while	pa- + subject pronouns + -yi
since / from	kubva / kubvira
until	kusvika / kusvikira

Table 6.9a Conjunctions Continued

English	Shona
2. cause and effect	
because	nekuti
because of	nekuda kwe.... / nekuda kwa....
since	kubvira
from......to....	kubvira......kusvikira.....
now / now that	ikozvino
as	pa- + subject pronoun + -nge / -change / -iva
so	saka
so that / in order that	kuitira kuti
that's why	ndosaka
3. Opposition	
although	nyangwe
albeit	nyangwe
though	nyangwe
even though	nyangwe
whereas	asi
while (at the same time)	nguva imwe chete
4. Condition	
if / only if / even if	kana
unless	kana
whether / whether or not	kana
in case (that)	kana
in that case	kana zvakadaro
then	ndokuzo
when	kana
as soon as	kana
whenever	kana

7 When you don't understand

	Informal	Formal
Pardon	Wati chii.	Mati chii.
Please repeat	Dzokorora	Dzokororayi
Please speak more slowly	Taura zvishoma	Taurayi zvishoma
I speak Shona	Ndinotaura Shona	Tinotaura chiShona.
Do you speak....	Unotaura	Munotaura ....
Excuse me....	Pamusoroyi.	Pamusoroyi.
I don't understand you.	Handiku nzwisisi.	Handiku nzwisisiyi.
Do you speak English?	Unotaura Shona here?	Munotaura Shona here?

Table 7a When you don't understand

8 Question Words

Below are the key question words you need to use when asking questions in Shona.

Table 8a Questions Words

Shona	English	Write it Here
kupi	Where	
chiyi / chii	What	
ndiyani / ndiani	Who	
seyi / diyi / sei / dii / dini	How	
seyi / sei	Why	
ngani	How many / How much	
riyini / riini	When	

Look at the following questions containing the above question words. Please note that the questions words in Shona are usually placed at the end of the sentence not the beginning as in English.

1. (Chinhu) chiri kunetsa **chiyi**? > *What is difficult?*
2. Ndiy**ani**? > *Who is it?*
3. Chingwa chinoita **Marii**? > *Bread costs **how much money**?*
4. Foni iri **kupi**? > *Where is the telephone?*
5. Train inouya **riyini**? > *When does the train come?*
6. Salad iri **kudini**? > *How is the salad?*
7. Maka**dini** / Muri **sei**? > *How are you? (plural or formal)*
8. Waka**dini** / Uri **sei**? > *You are how? / How are you?*
9. Toilet iri **kupi**? > *Where is the toilet?*
10. Bank riri **kupi**? > *Where is the bank?*

Now test yourself to see if you can keep these question words in your mind. Draw lines between the Shona and English equivalents.

Shona	English
kupi	if
chii	when
ani	How many / how much
seyi	why
seyi	how
ngani	who
riini	what
kan**a**	where

More Examples: Finding Transportation

1. *Station yeMabhazi iri **kupi**?* > The station for buses is **where**?
2. *Ndinotenga tiketi **kupi**?* > I buy the ticket **where**?
3. *Tiketi rinoita **marii**?* > The ticket costs **how much money**?
4. *Ndinochinja Bhazi **kupi**?* > I change trains **where**?
5. *Tiketi rimwe chete kuenda kuVictoria Falls* > One ticket only to go to Victoria Falls.
6. *Ndege inosimuka **riini**?* > The plane departs **when**?
7. *Ndege inomhara **nguvai**?* > The plane lands **what time**?
8. *Mepu iri **kupi**?* > The map is **where**?
9. *Zita reStation rinonzi **ani**?* > The name of the station is called **what**?
10. ***Imarii** kusvika kuHotera?* > **How much money** to reach the hotel?
11. ***Imarii**?* > **It's how much money?**
12. *Inoita **marii**?* > It costs **how much money**?
13. *Chinoita **marii**?* > It costs **how much money**?
14. *Insuwarenzi inoita **marii**?* > Insurance costs **how much**?
15. ***Imarii** kuenda kuBulawayo neNdege by plane?* > **It's how much money** to go to Bulawayo by plane?
16. *Tiketi reBhazi kuenda kuBulawayo **imarii**?* > The bus ticket to go to Bulawayo **it's how much**?

9 Family Tree, Things at Home

Table 9a Family Tree

Singular		Plural	
Shona	**English**	**Shona**	**English**
Munhu	person	Vanhu	people
Amai	mother	Vanamai	mothers
Baba	father	Vanababa	fathers
Mwana	child	Vana	children
Musikana	girl	Vasikana	girls
Mukomana	boy	Vakomana	boys
Jaya	young man	Majaya	young men
Mhandara	young woman	Mhandara	young women
Hanzvadzi	sibling	Hanzvadzi	siblings
Vatete	father's / husband's sister (aunt)	Madzitete	father's / husband's sisters (aunties)
Babamukuru	father's / husband's older brother	Vanababamukuru	father's / husband's older brothers
Babamunini	father's / husband's younger brother	Vanababamunini	father's / husband's younger brothers
Maiguru	mother's / wife's older sister	Vanamaiguru	mother's / wife's older sisters
Mainini	mother's / wife's younger sister	Vanamainini	mother's / wife's younger sisters
Muzukuru	grandchild	Vazukuru	grandchildren
Mvana	spinster	Mvana	spinsters
Hama	relative	Hama	relatives
Muyeni	visitor	Vayeni	visitors
Muranda	a person you are not related to	Varanda	people you are not related to

Table 9a Family Tree Continued

Singular		Plural	
Shona	**English**	**Shona**	**English**
Muramu	wife's sister	Varamu	wife's sisters
Tezvara /Tsano	wife's brother	Vanatezvara	wife's brothers
Ishe	chief	Madzishe	chiefs
Munun'una	younger brother	Vanun'una	younger brothers
Mukoma	older brother	Madzikoma	older brothers
Sabhuku	village head	Vana Sabhuku	village heads
Mutupo	totem	Mitupo	Totems
Murungu	white person	Varungu	white people
Mukuruwakare	forefather	Vakuruvakare	forefathers
Zita	name	Mazita	names
Mukwasha	son-in-law	Vakuwasha	sons-in-law
Muroora	daughter-in-law	Varoora	daughters-in-law
Vamwene	Husband's mother	Vanavamwene	husbands' mothers
Ambuya	Wife's mother	Vanaambuya	wives' mothers
Munhu mutema	black person	Vanhu vatema	black people

Now study the following examples carefully and complete the translations from Shona to English. Use the "Family Tree" table above to check your answers:

1. Baba   _____
2. Amai   _____
3. Vabereki   _____
4. Amai veMurume wako vanonzi ani?   _____
5. Vana   _____
6. Mwana Mukomana   _____
7. Mwana Musikana   _____
8. Musikana ne Mukomana iHanzvadzi   _____
9. Mwana wako Musikana anonzi ani?   _____
10. Hama   _____
11. Sekuru   _____
12. Mbuya / Ambuya   _____

Before proceeding forward with this step, situate yourself comfortably in your house. Now, look around and see if you can name in Shona the things you see in your house? Remember Shona nouns don't have neither *definite* or *indefinite* articles.

Table 9b Things at Home

Singular		Plural	
Shona	**English**	**Shona**	**English**
Imba	house / room	Imba /Dzimba	houses
Imba yeKuvata	bedroom	Imba dzekuvata	bedrooms
Imba yeKubikira	kitchen	Dzimba dzeKubikira	kitchens
Imba yeKutandara	living room	Dzimba dzeKutandara	living rooms
Chimbuzi / Toyireti	toilet	Zvimbuzi / Matoyireti	toilets
Garaji	garage	Magaraji	garages
Imba yePasi	basement	Dzimba dzePasi	basements
Sofa	sofa	Masofa	sofas
Terevhizheni	television	Materevhizheni	televisions
Chituro	stool	Zvituro	stools
Kapeti	carpet	Kapeti	carpets
Tafura	table	Tafura	tables
Chigaro	chair	Zvigaro	chairs
Sasa / Gonhi	door	Masasa	doors
Wachi	clock / watch	Wachi	clocks / Watches
Foni	telephone	Foni	telephones
Redhiyo	radio	Redhiyo	radios
Keteni	curtain	Maketeni	curtains
Pikicha	picture	Mapikicha	pictures
Hwindo	window	Mahwindo	windows
Chioneso	mirror	Zvioneso	mirrors

Table 9b Things at Home Continued

Singular		Plural	
Shona	**English**	**Shona**	**English**
Kiti / Katsi	cat	Kiti / Katsi	cats
Gadheni	garden	Magadheni	gardens
Ruva	flower	Maruva	flowers
Imbwa	dog	Imbwa	dogs
Tsamba	mail / letter	Tsamba	mail / letters
Tsamba yeRudo	love letter	Tsamba dzeRudo	love letters
Firiji	refrigerator	Firiji	refrigerators
Chitofu	stove	Zvitofu	stoves
Majarini	margarine	Majarini	margarine
Mukaka	milk	Mukaka	milk
Doro	beer	Madoro	beers
Waini	wine	Mawaini	wines
Jira	blanket	Mubhedha	bed
Sipo	soap	Sipo	soap
Khabhoti	cupboard	Makabhoti	cupboards
Mubhedha	bed	Mibhedha	beds
Bhedhikavha	bedcover	Mabhedhikavha	bedcovers
Singi	sink	Masingi	sinks
Chimbuzi	toilet	Zvimbuzi	toilets
Sutu	suit	Sutu	suits
Sokisi	sock	Masokisi	socks
Chinyoreso	pen / pencil	Zvinyoreso	pens / pencils
Imba yeKudyira	dining room	Dzimba dzeKudyira	dining rooms
Imba yeKugezera	bathroom	Dzimba dzeKugezera	bathrooms
Imba yePasi	basement	Dzimba dzePasi	basements
Girazi reWaini	wine glass	Magirazi eWaini	wine glasses

Table 9b Things at Home Continued

Singular		Plural	
Shona	**English**	**Shona**	**English**
Munya	leftovers	Munya	leftovers
Girazi	glass	Magirazi	glasses
Munyu	salt	Munyu	salt
Pepa	pepper	Pepa	pepper
Imba yePadenga	upstairs	Dzimba dzePadenga	upstairs
Bhuku	book	Mabhuku	books
Hembe	clothes	Hembe	clothes
Tayi	tie	Tayi	ties
Bhuraa	bra	Mabhuraa	bras
Pitikoti	petticoat	Mapitikoti	petticoats
Burawuzi	blouse	Maburawuzi	blouses
Rokwe	dress	Marokwe	dresses
Andaweya	underwear	Maandaweya	underwear
T-Sheti	T-Shirt	MaT-Sheti	T-Shirts
Burugwe	shorts	Maburugwe	shorts
Kofi	coffee	Kofi	coffee
Ndiro	plate	Ndiro	plates
Korogeti	colgate	Korogeti	colgate
Bepa	paper	Mapepa	papers
Kompuyuta	computer	Makombuyuta	computers
Pijama	pajamas	Mapijama	pajamas
Kamera	camera	Makamera	cameras
Bhutsu	shoes	Bhutsu	shoes
Heti	hat	Heti	hats
Reyini Koti	raincoat	Mareyini Koti	raincoats
Amburera	umbrella	Maamburera	umbrellas

Table 9b Things at Home Continued

Singular		Plural	
Shona	**English**	**Shona**	**English**
Kamu	comb	Kamu	combs
Jazi	winter coat	Majazi	Winter coats
Bhegi reHembe	suitcase	Mabheki eHembe	suitcases
Hengechefu	handkerchief	Hengechefu	handkerchiefs
Mari	money	Mari	money
Jaketi	jacket	Majaketi	Jackets
Bhasikoro	bicycle	Mabhasikoro	bicycles
Chingwa	bread	Zvingwa	bread
Wodhiropu	wardrobe	Mawodhiropu	wardrobes
Mudhudhudhu	motorcycle	Midhudhudhu	Motorcycles
Motokari	motorcar	Motokari	Motorcars
Kapu	cup	Makapu	cups
Chinokoro /Chipunu	spoon	Zvinokoro / Zvipunu	spoons
Banga	knife	Mapanga	knives
Jinzi	jeans	Majinzi	jeans
Foku	fork	Mafoku	Forks
Hofisi	office	Mahofisi	offices

10 Colors

Zimbabweans usually use English names for colors. However, there are occasional situations where Shona color names are used. Keep in mind that colors are adjectives and they should carry the prefix of the noun they describe in order to meet the phonological agreement rule.

Table 10a Colors

Shona	English	Write the Shona name here
tema / dema	black	
chena / jena	white	
tsvuku / dzvuku	red	
denga	blue	
shizha / girini	green	
mavara mavara / maruva	multi-colored	
yero	yellow	
bhurawuni	brown	

Color	English Name	Shona Name
	Black	
	White	
	Red	
	Green	
	Blue	
	Yellow	
	Brown	
	Grey	
	Pink	

What color is your car? _____
What color is your house? _____
What color is your hair? _____
What color are your eyes? _____
What color is your skin? _____

11 Days of the Week

Table 11a Days of the Week

Singular		Plural	
Shona	**English**	**Shona**	**English**
Nguva	time	Nguva	time
Awa	hour	Maawa	hours
Musi	day	Misi	days
Zuva	day / sun	Mazuva	days / suns
Vhiki	week	Mavhiki	weeks
Kupera kweVhiki	weekend	-	-
Kutanga kweVhiki	beginning of the week	-	-
Pakati peVhiki	middle of the week	-	-
Mwedzi	month / moon	Mwedzi	moons / months
Mwaka	season	Mwaka	seasons
Gore	year / cloud	Makore	years / clouds
kubvira	from		
kusvikira	to		
Nhasi	today	-	-
Mangwana	tomorrow	-	-
Kuswera Mangwana	day after tomorrow	-	-
Nezuro	yesterday	-	-
Kuswera Zuro	day before yesterday	-	-
Mangwanani	morning	Mangwanani	mornings
Masikati	afternoon	Masikati	afternoons
Mambakwedza	dawn	Mambakwedza	dawn
Zuvaradoka	dusk	Mazuvaadoka	dusk
Manheru	evening	Manheru	evening
Usiku	night	Usiku	nights
Pakati peUsiku	midnight	-	-

Fill in the days of the week into the blank boxes below in Shona.

Monday	Tuesday	Wednesday	Thursday	Friday	Saturday	Sunday
Muvhuro (opening)	*Chipiri* (second)	*Chitatu* (third)	*China* (fourth)	*Chishanu* (fifth)	*Mugovera**	*Chisi*** *Svondo*

*Mugovera (**the day of donation/giving**) was a day set aside for communities to donate labor and animals for use on the Chief's land with the harvested crops benefiting orphans and widows.

**Before christianity, the seventh day of the week known as "Chisi" was reserved as a day of rest. Many rural communities still follow this practice today. It is strictly forbidden to farm or use animals on that day or else the rain will fail, harvests will be poor or your cattle will die. In order not to confuse this day with christianity, traditional chiefs have moved this day from a Sunday to a week day. Most communities, therefore, have 2 days of rest - Chisi and Sunday.

Exercise: Time Expressions
1. today _____
2. tomorrow _____
3. a day after tomorrow _____
4. tonight _____
5. midnight _____
6. yesterday _____
7. day before yesterday _____
8. afternoon _____
9. from …... to ….. _____
10. time _____
11. month/moon _____
12. since Sunday _____
13. day _____
14. Nhasi chingani? _____
15. Mangwana chingani? _____
16. Nezuro chaiva chingani? _____
17. Nhasi Musi weChitatu here? _____
18. Mangwana chingani? _____
19. Nezuro chaiva ….......? _____
20. Svondo mangwanani _____
21. Chishanu manheru _____

12 Greetings and Introductions (Kwaziso)

Knowing the parts of the day helps you to learn various Shona greetings shown below. Practice these every day until they stay in your head.

Table 12a Common Greetings and Questions

English	Shona (Informal)	Shona (formal)
Hello	Mhoro	Mhoroyi
Good afternoon	Masikati	Masikati akanaka
Good morning	Mangwanani	Mangwanani akanaka
Good morning	Warara sei?	Marara seyi?
Good evening	Manheru	Manheru
Mr. / Sa.	-	Va /Sa
Mrs.	-	Mai
My name is....	Ndinonzi....	Zita rangu ndi...
What is your name?	Unonzi ani?	Zita rako ndiyani?
How are you?	Wakadini? / Uri bhowo here?	Makadini? / Muri bhowo here?
How are you?	Unofara here?	Munofara here?
Well, thanks.	Ndiripo wakadini iwe?	Ndiripo makadini imi?
So-so	Ndiripo	Ndiripo
Good-bye	Sara zvakanaka	Sarayi zvakanaka
Sleep well	Rara zvakanaka	Rarayi zvakanaka
See you later / tomorrow.	Ndichakuona Mangwana	Ndichakuonayi Mangwana
I come from...	Ndinobva ku....	Tinobva ku.......
Where do you come from?	Unobva kupi?	Munobva kupi?
We will see each other again if God wants	Tichaonana kana Mwari achida.	Tichaonana kana Mwari achida.
Your name is what? / What is your name?	Zita rako ndiani?	Zita renyu ndiani?
You are called who?	Unonzi ani?	Munonzi ani?

Table 12a Common Greetings and Questions Continued

English	Shona (Informal)	Shona (formal)
You come from where?	Unobva kupi?	Munobva kupi?
I come from.......	Ndinobva ku / kwa	Tinobva ku / kwa ....
to say good-bye	Oneka	Onekayi
You work where?	Unoshanda kupi?	Munoshanda kupi?
I work for.....	Ndinoshandira …....	Ndinoshandira......
Your mother's name is what?	Amai vako vanonzi ani?	Amai venyu vanonzi ani?
Your father's name is what?	Baba vako vanonzi ani?	Baba venyu vanonzi ani?

13 Months, Seasons and Temperatures

Table 13a Months and Seasons and Temperatures

English	Shona	English	Shona
January	Ndira	February	Kukadzi
March	Kurume	April	Kubvumbi
May	Barwe	June	Chikumi
July	Kunguru	August	Nyamavhuvhu
September	Gunyana	October	Gumiguru
November	Mbudzi	December	Zvita

Keep in mind that Zimbabwe is in the Southern Hemisphere and, therefore, it's seasons are exactly the opposite of North America and Europe. When it's summer in the Northern Hemisphere, it is winter in the Southern Hemisphere. Also, like the rest of world (Except North America), Zimbabwe uses degrees Celsius to record and report temperatures.

1. Summer (**October - February**): *Mwaka weChirimo* > *season for planting*
2. Autumn / Fall (**March - May**): *Mwaka weKukohwa* > *season for harvesting*
3. Winter (**June - July**): *Mwaka weChando* > *season for cold*
4. Spring (**August - October**): *Mwaka weKupira* > *season for offering/celebrations*

To convert degrees Fahrenheit to degrees Celsius, subtract 32 and multiply by 0.55. For example, 98.6 degrees Fahrenheit minus 32 = 66.6 degrees Fahrenheit multiplied by 0.55 = 37 degrees Celsius. To convert degrees Celsius to degrees Fahrenheit, multiply by 1.8 and then add 32. For example, 37 degrees Celsius multiplied by 1.8 = 66.6 + 32 = 98.6 degrees Fahrenheit.

Phrases: Weather Expressions
1. Kunze kwakamira seyi? > Outside (The weather) stands how?
2. Kunze kwakamira sei mangwana? > Outside stands how tomorrow?
3. Kunze kwakanaka. > Outside is nice.
4. Kunze kwaka shata. > Outside is bad.
5. Kunze kuri kupisa. > Outside is hot.
6. Kunze kuri kutonhora. > Ouside is cold.
7. Kunze kuri kunaya. > Outside is raining.
8. Kunze kune mhepo. > Outside there is wind.
9. Kunze hakusi kunaya. > Outside is not raining.
10. Kunze kuri kupisa sei? > Outside is how hot?

14 Numbers, Money, Time and Conversions

In Zimbabwe, people usually count in English but there are occasions when they count in Shona. Telephone numbers in Zimbabwe are always given in English. However, if you ever need to count in Shona, here is how. Enjoy the practice!

Note that the noun class prefixes are attached before the numbers when numbers are used as adjectives as illustrated in the table below.

Standard Shona	Slang Shona		Usage Examples
motsi / mwe	*hwani*	1	**Mu**nhu **mu**mwe
piri /mbiri /viri	*tuu*	2	**Va**nhu **va**viri
tatu / nhatu	*three*	3	Vanhu vatatu
ina / na	*foo*	4	Vanhu vana
shanu	*fayifi*	5	Vanhu vashanu
tanhatu	*sikisi*	6	Vanhu vatanhatu
nomwe	*sevheni*	7	Vanhu vanomwe
sere	*eyiti*	8	Vanhu vasere
pfumbamwe	*naini*	9	Vanhu vapfumbamwe
gumi	*teni*	10	Vanhu gumi
gumi ne imwe	*irevheni*	11	
gumi ne mbiri	*tuwerufu*	12	
makumi maviri neimwe	*tuwendihwani*	21	
makumi matatu	*teti*	30	Vanhu makumi matatu
makumi mana	*foti*	40	
zana	*handireti*	100	Vanhu zana
mazana maviri	*tuuhandireti*	200	
mazana manomwe	*eyitihandireti*	800	
chiwuru	*hwanitawusenti*	1 000	Chiwuru cheVanhu

Table 14a Numbers

14b Money (Mari)

The currency used in Zimbabwe is the Dollar, abbrieviated Z$. At the time this book was printed, the Zimbabwe Dollar is not in circulation. All major world currencies (US$, South African Rand, Euro €, British Pound) are accepted when buying goods and services.

Before starting this exercise, go back and count at least up to 20 in Shona without looking in the book. After practicing out loud, write the following numbers in the blanks provided.

10 _____
20 _____
30 _____
40 _____
50 _____
60 _____
70 _____
80 _____
90 _____
100 _____
500 _____
1000 _____

Asking how much something costs in Shona depends on the "**subject pronoun**". If you are asking how much *Chingwa* (bread) costs, you would ask: *Chingwa chinoita marii?* because the pronoun for *Chingwa* is "<u>chi</u>", which is attached in front of "**no**" infix.

1. *Chingwa chinoita marii?*   >   How much does bread costs?

2. *Chinoita $1.*   >   It costs $1.

3. *Pikicha inoita marii?*   >   The picture costs how much?

4. *Inoita $10.*   >   It costs $10.

5. *Bhuku rinoita marii?*   >   The book costs how much?

6. *Rinoita $15.*   >   It costs $15.

How do you say the following in Shona?
1. I have $80   _____
2. We have $72   _____

14c Time (Nguva)

You now know how to tell the days of the week and months in Shona. Now you are ready to tell time. Remember you can tell time in English when you are in Zimbabwe. However, there are occasional situations when people tell time in Shona. Here are the time basics.

Examples:
1. Inguvai? > What time is it?
2. Masikati > noon
3. Pakati peZuva > middle of the day
4. Pakati peUsiku > midnight / middle of the night
5. Zuvaradoka > evening / sunset / after sunset
6. Zuva risati radoka > before sunset
7. Zuvarabuda > morning / sunrise / after sunrise
8. Zuva risati rabuda > before sunrise
9. Mambakwedza > just before sun rise / dawn / early morning
10. Mangwanani > morning
11. Madokero > dusk
12. Manheru > evening
13. Usiku > night
14. Masekenzi > seconds
15. Maminetsi > minutes
16. Maawa > hours

Translate the following Shona sentences to English:
1. Chitima chinouya Nguvai? _____
2. Tireni inouya Nguvai? _____
3. Bhazi rinouya Nguvai? _____
4. Konzeti inotanga Nguvai? _____
5. Firimu rinotanga Nguvai? _____
6. Resitorandi inovhurwa Nguvai? _____
7. Bhengi rinovhurwa riini? _____
8. Resitorandi yavharwa riini? _____
9. Bhengi ravhurwa riini? _____
10. Ndege inobhururuka nguvai? _____
11. Tireni inosimuka nguvai? … _____
12. Bhazi rinosimuka nguvai? … _____

- Please note that "***Nguvai / Inguvai***" at the end of the sentence is for "**time**".
- "*riini*" is for the "**day of the week**" or "**year**".

14d Conversions

For those of you who live in the U.K., Ireland, Australia, New Zealand, South Africa or Canada or other British Commonwealth countries; your road signs are almost similar if not exactly the same as in Zimbabwe.

Zimbabwe uses the metric system. If you come from North America, you may want to be familiar with these conversions. It is important doing that so that when you order things in liters or kilograms, you know exactly what to expect.

Table 14d Conversions		
To Convert		**Do the Math**
Liters to gallons	Multiply by 0.26	4 liters X 0.26 = 1.04 gallons
Gallons to liters	Multiply by 3.79	10 gallons X 3.79 = 37.9 liters.
Kilograms (kg) to pounds (lbs)	Multiply by 2.2	2 kg X 2.2 = 4.4 pounds
Pounds to kilograms	Multiply by 0.46	10 pounds X 0.46 = 4.6 kgs
Grams (g.) to ounces (oz.)	Multiply by 0.035	100 grams X 0.035 = 3.5 ounces
Ounces to grams	Multiply by 28.35	10oz. X 28.35 = 283.5 grams
Meters (m.) to feet (ft.)	Multiply by 3.28	2m X 3.28 = 6.56 ft.
Feet to meters	Multiply by 0.3	6 feet X 0.3 = 1.8m
Kilometers to miles	Multiply by 0.62	1000km X 0.62 = 620 miles
Miles to kilometers	Multiply by 1.6	1000miles X 1.6 = 1,600km
Centimeters to inches	Multiply by 0.39	9cm X 0.39 = 3.51 inches
Inches to centimeters	Multiply by 2.54	4inches X 2.54 = 10.16 cm

15 Religion, Nationality

In Zimbabwe, you can find all major world religions plus African-grown churches.

Table 15a Religion

Shona	English	Shona	English
Kereke / Chechi	church	Muporofita	prophet
Chirhoma	roman catholicism	N'anga	witch doctor
Murhoma	roman catholic	Muhedheni	atheist
Chivhangeri	evangelism	Mupositori	apostle
Muvhangeri	evangelist	Chiangirikeni	anglicanism
Chijudha	judaism	Muangirikeni	anglican
Mujudha	jew	Chihindu	hinduism
Chimoziremu	islam	Ngozi	angry spirit
Mumoziremu	moslem	Fata	Pope
Chiziyoni	zionism	Musiki	creator / God
Muziyoni	zionist	Mwari	supreme God
Chidhachi	dutch reformed church	Chivanhu	traditionalism
Mudhachi	reformist	Munamato	prayer
Chimetodhisti	methodism	Chinamato	religion
Mumethodhisti	methodist	Mweya mutsvene	holy spirit
Chiporofita	fortune teller	Ngirozi	angels
Utendi	faith	Mudzimu	ancestral spirit
Mutendi	believer	Kubudirwa	spirit manifestation
Muhedheni	non-believer	Kubhabhatidzwa	to be baptized
Jesu	jesus	Chirairo	communion
Satani	devil	Chitendi	religion
Muparidzi	preacher	Kuturika	to offer a prayer

Table 15b Nationalities

English	Shona	Write it Here
Australian	Muaustralian	
American	Muamerikeni	
Canadian	Mukanadiyeni	
South African	Musouthafrikeni	
New Zealander	Munewzealand	
German	Mujemeni	
Croatian	Mukroweshiyeni	
French	Mufurenji	
Chinese	Muchainizi	
Korean	Mukoriyeni	
Japanese	Mujapanizi	
Czech	Mucheki	
Tswana	Mutswana	
Russian	Murhashiyeni	
Serbian	Musebiyeni	
Mozambican	Mumozambikeni	
Zimbabwean	Muzimbabwiyeni	
Namibia	Munamibiyeni	
European	Muyuropiyeni	
Asian	Muezhiyeni	
African	Muafrikeni	
Arabian	Muarabiyeni	

How do you say the following expressions in Shona?

1. I am European. _____
2. I am British. _____
3. I am American. _____
4. I am Canadian. _____
5. I am Australian. _____
6. I am English. _____
7. I am Scottish. _____
8. I am Namibian. _____
9. I am Croatian. _____
10. I am a Moslem. _____
11. I am a Jew. _____
12. I am Catholic. _____
13. I am Atheist. _____

You have learned a lot of material by now. Here is a chance for you to review to find out how much you can still remember. If you do not remember something, do not panic but take this opportunity to go back and re-learn the material. Circle the correct answer.

Shona Word	English Word	Shona Word	English Word
Kofi	tea, (coffee)	Hama	hummer, (relative)
aiwa	yes, no	Mwana	manner, child
Tete	uncle, aunt	Mukaka	mucus, milk
kana	can, or/if	Munyu	moon, salt
kudzidza	to learn, to praise	Pamusoro	over, measure
Usiku	night, music	Munhu	person, moon
Chishanu	Friday, Shineday	Chikumi	to cry, June
kutaura	to speak, to draw	Kicheni	church, kitchen
Chando	Winter, Summer	Ndine	i want, i have
Mari	God, money	Kutenga	to be cute, to buy
gumi	ten, gummy	Nezuro	tomorrow, yesterday
kawanda	many, a lot of, waves	Kanaka	good, white

Here are some more important verbs you must know. Please conjugate these verbs in the spaces provided in the boxes.

Verb	Singular Nominative Pronoun	Plural Nominative Pronoun
kuenda (to go)	Ndi (I)............... U (You).............. A (He/She)......... Class 2-8 (It)......	Ti (We).............. Mu (You)........... Va (They).......... Class 2-8 (They).....
kuuya (to come)	Ndi............ U............... A............... Class 2-8 (It)......	Ti............ Mu........... Va............ Class 2-8 (They).....
kune (to have)	Ndi............ U............... A............... Class 2-8 (It)......	Ti............ Mu........... Va............ Class 2-8 (They).....
kudzidza (to learn)	Ndi............ U............... A............... Class 2-8 (It)......	Ti............ Mu........... Va............ Class 2-8 (They).....
kuda (to love / to like)	Ndi............ U............... A............... Class 2-8 (It)......	Ti............ Mu........... Va............ Class 2-8 (They).....
kutenga (to buy)	Ndi............ U............... A............... Class 2-8 (It)......	Ti............ Mu........... Va............ Class 2-8 (They).....
kufarira (to enjoy)	Ndi............ U............... A............... Class 2-8 (It)......	Ti............ Mu........... Va............ Class 2-8 (They).....
kugara (to sit)	Ndi............ U............... A............... Class 2-8 (It)......	Ti............ Mu........... Va............ Class 2-8 (They).....

Verb	Singular Nominative Pronoun	Plural Nominative Pronoun
kutaura (to speak)	Ndi............ U............ A............ Class 2-8 (It)............	Ti............ Mu............ Va............ Class 2-8 (They)............
kunzwisisa (to understand)	Ndi............ U............ A............ Class 2-8 (It)............	Ti............ Mu............ Va............ Class 2-8 (They)............
kunzwa (to hear)	Ndi............ U............ A............ Class 2-8 (It)............	Ti............ Mu............ Va............ Class 2-8 (They)............
kutengesa (to sell / to betray)	Ndi............ U............ A............ Class 2-8 (It)............	Ti............ Mu............ Va............ Class 2-8 (They)............
kudzokorora (to repeat)	Ndi............ U............ A............ Class 2-8 (It)............	Ti............ Mu............ Va............ Class 2-8 (They)............
kudya (to eat)	Ndi............ U............ A............ Class 2-8 (It)............	Ti............ Mu............ Va............ Class 2-8 (They)............
kumwa (to drink)	Ndi............ U............ A............ Class 2-8 (It)............	Ti............ Mu............ Va............ Class 2-8 (They)............
kuenda (to go)	Ndi............ U............ A............ Class 2-8 (It)............	Ti............ Mu............ Va............ Class 2-8 (They)............

16 Directions

When you give directions in Shona you may want to know how to to say: **Mabvazuva**, **Madokero**, **Musoro**, **Zasi**. Adding the prefix "*ku*" in front of these words is an equivalent to adding "**to**" in English.

Examples:

1. east > Mabvazuva
2. to the east > kuMabvazuva
3. west > Madokero
4. to the west > kuMadokero
5. north > Musoro
6. to the north > kuMusoro
7. south > Zasi
8. to the south > kuZasi
9. front > Mberi
10. to the front > kuMberi
11. back > Mashure
12. to the back > kuMashure
13. left > Ruboswe
14. to the left > kuRuboswe
15. right > Rudyi*
16. to the right > kuRudyi
17. excuse me > Pamusoroi
18. thank you > Mazvita
19. thank you very much > Mazvita chaizvo
20. pardon me > Ruregerero
21. keep on walking > Rambayi muchifamba

*In Zimbabwean (Shona) culture, it is customary to only use your right hand when you eat or accepting a gift from someone. "Rudyi" literally means "the hand that you use to eat".

Important Words / Phrases:

1. Mazvita > Thank you (formal).
2. Ndatenda > I thank you.
3. Tatenda > We thank you
4. Muchitendeyi > You are welcome (formal).
5. Uchitendeyi > You are welcome.
6. Hevo > Yes
7. Kwete > No
8. Kune > There is
9. Hakuna / Hapana > There isn't
10. Zvakanaka > It's beautiful
11. Zvakashata > It's ugly / bad
12. Hapana Chakaipa > There is nothing wrong.

Now, quiz yourself. See if you can translate the following English questions to Shona.

1. Where is the telephone? _____
2. Where do I make a telephone call? _____
3. Where do I buy a postcard? _____
4. Where is the post office? _____
5. Where do I buy stamps? _____
6. Where is the supermarket? _____
7. Where is the store? _____
8. Where is the bank? _____
9. Where can I find a taxi? _____
10. Where can I send a fax? _____

Here are some more important verbs to learn. Learn them and don't forget to conjugate them.

Verb	Singular Nominative Pronoun	Plural Nominative Pronoun
kuona (to see)	Ndi............ U............ A............ Class 2-8 (It)............	Ti............ Mu............ Va............ Class 2-8 (They)............
kutumidzira (to send)	Ndi............ U............ A............ Class 2-8 (It)............	Ti............ Mu............ Va............ Class 2-8 (They)............
kurara / kuvata (to sleep)	Ndi............ U............ A............ Class 2-8 (It)............	Ti............ Mu............ Va............ Class 2-8 (They)............
kutsvaga (to look for)	Ndi............ U............ A............ Class 2-8 (It)............	Ti............ Mu............ Va............ Class 2-8 (They)............
kugadzira (to make)	Ndi............ U............ A............ Class 2-8 (It)............	Ti............ Mu............ Va............ Class 2-8 (They)............
kunyora (to write)	Ndi............ U............ A............ Class 2-8 (It)............	Ti............ Mu............ Va............ Class 2-8 (They)............
kutaridza (to show)	Ndi............ U............ A............ Class 2-8 (It)............	Ti............ Mu............ Va............ Class 2-8 (They)............
kubhadhara (to pay)	Ndi............ U............ A............ Class 2-8 (It)............	Ti............ Mu............ Va............ Class 2-8 (They)............

Verb	Singular Nominative Pronoun	Plural Nominative Pronoun
kuziva (to know)	Ndi............................... U.................................. A.................................. Class 2-8 (It)...................	Ti.................................. Mu................................. Va.................................. Class 2-8 (They)...............
kugara (to stay)	Ndi............................... U.................................. A.................................. Class 2-8 (It)...................	Ti.................................. Mu................................. Va.................................. Class 2-8 (They)...............
kuverenga (to read)	Ndi............................... U.................................. A.................................. Class 2-8 (It)...................	Ti.................................. Mu................................. Va.................................. Class 2-8 (They)...............
kufanira (to have to / must)	Ndi............................... U.................................. A.................................. Class 2-8 (It)...................	Ti.................................. Mu................................. Va.................................. Class 2-8 (They)...............

Can you translate the following sentences into Shona?

1. I can speak Shona? > _____
2. They must pay the bill. > _____
3. He has to pay the bill. > _____
4. We know the answers. > _____
5. She knows a lot? > _____
6. I can read Shona. > _____
7. I can't find the hotel. > _____
8. I don't speak Shona. > _____
9. I want to visit Zimbabwe. > _____
10. I want to see Victoria Falls. > _____
11. I want to see Great Zimbabwe. > _____
12. I can send you a post card from Zimbabwe. > _____

17 On your Journey (paRwendo rwako)

Zimbabwe is not very big. It is about the size of the state of Montana, USA. This makes traveling very easy. Zimbabwean roads are relatively good but one must exercise caution because most intercity roads are single carriage ways. All road signs, maps, newspapers and magazines are in English. If you want to go to the rural areas in Zimbabwe, you may need to know a little more Shona than traveling in the city.

Traveling Vocabulary:

1. journey   >   Rwendo
2. to travel   >   Kufamba rwendo
3. traveller   >   Mufambi
4. Have a good trip   >   Fambai zvakanaka
5. stay behind well   >   Sarai zvakanaka
6. road   >   Mugwagwa / rhodhi
7. motor car   >   Motokari
8. train   >   Tireni
9. bicycle   >   Bhasikoro
10. motorcycle   >   Chimudhudhudhu
11. gas/petrol station > Garaji
12. Station   >   Chiteshi
13. bus station   >   Chiteshi cheMabhazi
14. train station   >   Chiteshi cheTireni

Phrases:

1. Nhasi ndiri kuenda kuHarare. _____
2. Ndinoda kuenda ku Harare. _____
3. Nhasi ndinoenda kuHarare. _____
4. Mangwana ndiri kuenda kuHarare. _____
5. Mangwana ndinoenda kuHarare. _____
6. Nezuro ndakaenda kuHarare. _____
7. Nezuro takaenda kuHarare. _____
8. Ndinokwira ndege kuenda ku... _____
9. Ndino dhiraiva kuenda ku... _____
10. Anoenda neTireni kuBulawayo. _____
11. Tinogara paEyapoti. _____
12. Takatenga Matiketi eNdege. _____
13. Tiri kuenda kuJohannesburg mangwana. _____
14. Chigaro ichi chine Munhu here? _____
15. Pane Chigaro chisina Munhu here? _____

16. Ndiro Bhazi rekuHarare here? _____
17. Kune Nguva yakadini Tireni isati yaSimuka
    Tireni / Bhazi rino simuka riini? _____
18. Tireni inosvika kuVictoria Falls riini? _____
19. Ndideyedzereyi Taxi. _____
20. Mirayi pano. _____

When traveling, you will want to tell Zimbabweas your nationality. Can you guess where someone is from if they say one of the following?

1. Ndinobva kuIngirandi. _____

2. Ndinobva kuItali. _____

3. Ndinobva kuFuranzi. _____

4. Ndinobva kuSipeyini. _____

5. Ndinobva kuKanada. _____

6. Ndinobva kuNyuzirendi. _____

7. Ndinobva kuSausi Afrika. _____

8. Ndinobva kuZambia. _____

9. Ndinobva kuMozampique. _____

10. Ndinobva kuAmerika. _____

11. Ndinobva kuJemeni. _____

12. Ndinobva kuAngola. _____

13. Ndinobva kuDenimaki. _____

14. Ndinobva kuHorandi. _____

15. Ndinobva kuChaina. _____

16. Ndinobva kuJapani. _____

You may also learn the following travel verbs by making up your own sentences with the new words.

Verb	Singular Nominative Pronoun	Plural Nominative Pronoun
kubhururuka (to fly)	Ndi............................ U................................ A................................ Class 2-8 (It).................	Ti.............................. Mu............................. Va.............................. Class 2-8 (They)............
kusvika (to arrive)	Ndi............................ U................................ A................................ Class 2-8 (It).................	Ti.............................. Mu............................. Va.............................. Class 2-8 (They)............
kukwira (to climb / ride)	Ndi............................ U................................ A................................ Class 2-8 (It).................	Ti.............................. Mu............................. Va.............................. Class 2-8 (They)............
kugara (to sit)	Ndi............................ U................................ A................................ Class 2-8 (It).................	Ti.............................. Mu............................. Va.............................. Class 2-8 (They)............
kufamba (to walk)	Ndi............................ U................................ A................................ Class 2-8 (It).................	Ti.............................. Mu............................. Va.............................. Class 2-8 (They)............
kupeka (to pack)	Ndi............................ U................................ A................................ Class 2-8 (It).................	Ti.............................. Mu............................. Va.............................. Class 2-8 (They)............
kuchinja (to change)	Ndi............................ U................................ A................................ Class 2-8 (It).................	Ti.............................. Mu............................. Va.............................. Class 2-8 (They)............

Table 17a At the Airport

English	Shona
airline /airplane	Ndege
airport	Eyapoti
to arrive	kusvika
baggage claim	baggage claim
bathroom	Chimbuzi
cart	Kati
counter	Kaunda
to land	kumhara
late	kunonoka
gate	Gedhe
to change	kuchinja
passport	Pasipoti
suitcase	Sutukesi
bab	Bhegi / Bheke
ticket	Tiketi
train	Tireni
trip	Rwendo
takeoff / to fly	kubhururuka
Where is the ticket counter?	Tiketi kaunda iri kupi?
Where is the baggage claim?	Baggage Claim iri kupi?
My bag is lost.	Bhegi rangu rarasika.
Where is the flight to...?	Ndege yeku......iri kupi?

18 Food, Beer and Drinks (Kudya, Doro neZvekumwa)

Sadza is the staple food in Zimbabwe. It is made from maize / corn meal. The maize meal is mixed with boiling water to form a thick paste which can be eaten with beef stew, chicken stew, fish, or vegetables. It is customary to wash your hands before eating, even if you use a fork, knife and spoon. However, it's okay to eat with your hands. Before eating, it's customary to clap your hands three times while saying *"**Pamusoroi**!"*. After eating, it's again customary to clap your hands three times and say *"**Mazvita**!"* or *"**Ndaguta**!"*

Table 18a Food, Beer and Drinks Vocabulary

Shona	English	Shona	English
Chingwa	bread	Nyama yakagochwa	grilled / roasted meat
Bhanzi	bun	Jemhu	jam
Saradhi	salad	Dovi	peanut butter
Kabheji	cabbage	Uchi	honey
Muriwo	lettuce	Munyu	salt
Nyemba / bhinzi	beans	Shuga / Chokera	sugar
Tomatisi	tomatoes	Mafuta / Manda	oil
Gaka	cucumber	Viniga	vinegar
Poteto / Mbatatisi	potato	Muto	soup /gravy
Mbambaira	sweet potato	Chizi	cheese
Howa	mushrooms	Seredzero	desert
Chibage	corn	Zvibikwa	pastries
Onyeni	onions	Aisi kirimu	ice-cream
Nhanga	pumpkin	Mazai / Mazanda	eggs
Tsunga	spinach	Zvibereko	fruits
Pizi	peas	Nyama	meat
Bhanana	banana	Huku	chicken
Eporo	apple	Omureti	omelette
Orenji	orange	Hwai /Gwayi	mutton / lamb

Table 18a Food, Beer and Drinks Vocabulary Continued

Shona	English	Shona	English
Jusi	juice	Mvura	water
Mukaka	milk	Muriwo	vegetables
Mapiye	pears	Maavakadho	avocados
Dovi	peanut butter	Mamaredi	marmalade
Maorenji	oranges	Pepha	pepper
Majarina	margarine	Sadza	sadza
Kofi	coffee	Tiyi	tea
Kabhodhi	cupboard	Maruva	flowers
Pepa	newspaper	Napukeni	napkin
Foku	fork	Ndiro	plate
Banga / chichekeso	knife	Chipunu	spoon
Kapu	cup	Girazi	glass
Girazi reWaini	wine glass	Dende	calabash
Mazai	eggs	Onyeni	onion
Matomatisi	tomatoes	Kudya kweMangwanani	breakfast
Sadza reMasikati	lunch	Sadza reManheru	dinner
Tii yeManheru	evening tea	Sadza neNyama	beef stew
Sadza neHuku	chicken stew	Mupunga	rice
Manhanga	pumpkin	Rupiza	bean soup
Nhopi	pumpkin with peanut butter	Mupunga uneDovi	rice with peanut butter
Sadza reChibage	corn meal sadza	Tiipoti	tea pot
Sadza reZviyo	sorghum / millet sadza	mabhanzi	buns
Chibage	corn	Ipwa	african suger cane
Nyimo	round nuts	Nzungu	peanuts
Mavisi	watermelons	Tsenza	yams
Michero	fruits	bhekari	bakery

Table 18a Food, Beer and Drinks Vocabulary Continued

Shona	English	Shona	English
Orenji juice	orange juice	Rurimi	cow tongue
Mufushwa	dried vegetables	Doro	beer
Castle (Beer)	castle (lager)	Waini	wine
Nguruve	pig	Hove	fish
Mvura	water	Nhoro	deer
Black Label (beer)	black label (pilsner)	Bohlingers (beer)	bohlingers
Scud (beer)	scud	Zambezi (beer)	zambezi
Rupiza	bean soup	Hunters Gold (beer)	hunters gold
Koku	coke	Lacto	fermented milk
Chibuku (beer)	chibuku	Shake Shake (beer)	shake shake
Lion (beer)	lion (lager)	Mukaka	Milk
Mhiripiri	hot pepper	Soseji	sausage
Moyo	cow heart	Dhadha	duck
Chiropa	cow liver	Teki	turkey
Mazondo	cow trotters	Shiri	bird
Ura	intestines / chitlins	Nzembe	Pigeon
Visi	melon	Tsuro	rabbit / hare
Hemu	ham	Itvo	cow kidney
Nyama yeNguruve	pork	Nyama yakaGochwa	barbecue
Chikafu	food	Chimukuyu	biltong / dried meat
Chokoleti	chocolate	Gurashi	goulash
Karotsi	carrots	Bhekon	bacon

Table 18b Paying the check/bill in a restaurant

English	Shona	English	Shona
waiter	Weita	bill / check	Bhiri
tip	Tipi	reservation	Rezavhesheni
menu	Minyu	receipt	Rhisiti
Excuse me!	Pamusoroyi!	thank you	Mazvita
Can you give me a fork, please?	Ndipei wo Foko?	you are welcome!	Muchitendeyi!
to pay	Kubhadhara	money	Mari
coins	Makoinzi	money bills	Mari yeMapepa
bank	Bhangi /Bhengi	credit card	Kirediti Kadhi
check / cheque	Check	atm machine	ATM Meshini
account	Akaundi	food	Chikafu
beer	Doro	cold	Kutonhora
hot	Kupisa		

Table 18c Restaurant Phrases

English	Shona (Informal)	Shona (Formal)
Please	Pamusoroyi	Pamusoroyi
Thank you very much	Wazvita	Mazvita
You're welcome.	Uchitendeyi	Muchitendei
Excuse me.	Pamusoroyi	Pamusoroyi
My name is....	Ndinonzi.........	Zita rangu ndi.........
I would like/need	Ndinoda.........	
Do you have.....?	Une.....	Mune....
Please give me...?	Ndipewo.....	Ndipeyiwo....
Do you speak English?	Unotaura Chirungu here?	Munotaura Chirungu here?
I speak a little Shona	Ndinotaura Shona mbijana.	
I don't understand you.	Ndatadza kuKunzwa	Ndatadza kukunzwayi
Please repeat	Taurayi zvekare	Taurayi zvekare
What did you say?	Wati chiyi?	Mati chiyi?
I am lost.	Ndarasika	
I am looking for....	Ndiri kutsvaga....	
Where are the toilets?	Chimbuzi chiri kupi?	
Where is the Post Office?	Post office iri kupi?	
Where is the police station?	Police Station iri kupi?	
Where is the..........embassy?	Embassy ye........iri kupi?	
Do you take credit cards?		Munotora maKrediti cards here?
Give me the menu please.		Ndipeyiwo Minyu.
I don't eat meat.		Handidyi Nyama
I don't eat pork.		Handidyi Nyama yeNguruve.
I don't drink beer.		Handimwi Doro
I don't eat milk.		Handidyi Mukaka
I don't drink milk.		Handimwi Mukaka

19 Vocabulary Appendix

Table 19a Vocabulary Appendix

General Noun	Noun Thing	Noun Person	Shona Verb	Participle
Ubatsiri	Rubatsiro	Mubatsiri	kubatsira (to help)	kubatsirwa
Ubereki	Chibereko/ Mbereko	Mubcreki	kubereka (to give birth)	kuberekwa
Ubiki	Chibikiso / Mabiko	Mubiki	kubika (to cook)	kubikwa
Bvunzo	Mubvunzo	Mubvunzi	kubvunza (to ask/question)	kubvunzwa
Uchairi	Chichairiso	Muchairi	kuchaira (to drive)	kuchairwa
Ucheki	Chichekeso	Mucheki	kucheka (to cut)	kuchekwa
Rudo	Chido	Mudiwa	kuda (to like / love)	kudiwa
Udiri	Chidiriso	Mudiri	kudira (to pour)	kudirwa
Udakwa	-	Chidhakwa	kudhaka (to indoxicate)	kudhakwa
Udhindi	Chidhindo	Mudhindi	kudhinda (to stamp)	kudhindwa
Udighidhi	Chidhigidhiso	Mudhigidhi	kudhigidha (to swim)	kudhigidwa
Udhurisi	Mudhuro	Mudhuri	kudhura (to be expensive)	kudhurwa
Upedzi	Chipedzo	Mupedzi	kupedza (to finish)	kupedzwa
Usari	Masaro	Musari	kusara (to be left behind)	kusarwa
Fungwa	Mafungo	Mufungi	kufunga (to think)	kufungwa
Ugadziri	Magadziro	Mugadziri	kugadzira (to fix)	kugadzirwa
Ugamuchiri	Magamuchiro	Mugamuchiri	kugamuchira (to receive)	kugamuchirwa
Ugari	Chigaro	Mugari	kugara (to sit)	kugarwa
Utengi	Mutengo	Mutengesi	kutengesa (to sell)	kutengeswa
Udziyiso	Chidziyiso	Mudziyisi	kudziyisa (to warm)	kudziyiswa
Udzidzi	Dzidzo	Mudzidzi	kudzidza (to learn)	kudzidzwa
Udzidzisi	Dzidziso	Mudzidzisi	kudzidzisa (to teach)	kudzidziswa
Ukomboreri	Makomborero	Mukomboreri	kukomborera (to bless)	kukomborerwa
Ukorokotedzi	Makorokoto	Mukorokotedzi	kukorokotedza (to congratulate)	kukorokotedzwa

Table 19a Vocabulary Appendix Continued

General Noun	Noun Object / Thing	Noun Person	Shona Verb	Participle
Ugeri	Chigero	Mugeri	kugera (to cut hair)	kugerwa
Ugezi	Chigezeso	Mugezi	kugeza (to bath)	kugezwa
Ugezesi	Chigezeso	Mugezesi	kugezesa (to bath someone)	kugezeseswa
Ugochi	Goche	Mugochi	kugocha (to roast)	kugochwa
Ugoveri	Mugovera	Mugoveri	kugovera (to allocate)	kugoverwa
Uimbi	Rumbo	Muimbi	kuimba (to sing)	kuimbwa
Uito	Chiito	Muiti	kuita (to do)	kuitwa
Ukama	-	Hama	kukama (to milk)	kukamwa
Ukasiri	Kasiro	Mukasiri	kukasira (to be quick)	kukasirwa
Urapi	Chirapiso	Murapi	kurapa (to heal)	kurapwa
Unetsi	Chinetso	Munetsi	kunetsa (to be difficult)	kunetswa
Unakidzi	Munakidzo	Munakidzi	kunakidza (to entertain)	kunakidzwa
-	Ndangariro	-	kundangarira (to reminisce)	kundangarirwa
Unetsi	Manetso	Muneti	kuneta (to be tired)	kunetwa
Unzwisisi	Nzwisiso	Munzwisisi	kunzwisisa (to understand)	kunzwisiswa
Uoni	Chioneso	Muoni	kuona (to see)	kuonekwa
Upi	Chipo	Mupi	kupa (to give)	kupiwa
Upedzisi	Pedziso	Mupedzisi	kupedzisa (to finish)	kupedziswa
-	Mhedzisiro	Mupedzisiri	kupedzisira (to be last)	kupedzisirwa
-	Mhinduro	Mupinduri	kupindura (to turn)	kupindurwa
Urari	Mararo	Murari	kurara (to sleep)	kurarwa
Urasi	Chirasiso	Murasi	kurasa (to throw away)	kuraswa
Urasiki	Chirasiki	Murasiki	kurasika (to be lost)	kurasikwa
Uregereri	Ruregerero	Muregereri	kuregerera (to forgive)	kuregererwa
Uroto	Chiroto	Muroti	kurota (to dream)	kurotwa
Ndimi	Rurimi	Murumi	kuruma (to bite)	kurumwa

20 Insults, Verbal Idioms and Well Wishes

Table 20a	Insults
Shona	**English**
Mhata	Asshole
PaMhata pako	Fuck you
Uri Mhata / Uri Mhata yeMunhu.	You are an asshole / You are an asshole of a person.
Sasikamu / Tarzen	jerk / stupid
Uri Bharanzi / Uri Bharanzi reMunhu.	You are a jerk / silly.
Une Pfungwa dzakaora	You have rotten brain.
Gwara / Dandara	Coward
Ane paMuromo.	(S)he is a mean person / She is a trouble causer.
Dofo	Loser
Pfambi / Hure	Whore
Mugezarichakwata	A person who does things prematurely.
Mbimbi ndega	A person who does things alone.
Nzenza	A silly person
Mbavha	A robber / thief
Mukwati	A mooch
Mboro yeMunhu	A dick
Mheche yeMunhu	A pussy
Bofu reMunhu	A person who can't see obvious things.
Chirema cheMunhu	A person who needs help even for simple things.

Table 20b Verbal Idioms and Well Wishes

English	Shona
That's okay / Thats alright / It's all good	Zvakanaka (It's beautiful)
I don't care	Hazvina basa (They don't have work)
It doesn't matter.	Handina Basa nazvo (I have no work for it)
There is...	Pane...... / Kune.....
It's about....	Ndezve........ (It's of....)
I am thirsty....	Ndine nyota. (I have thristy)
I am lucky.	Ndine lucky. (I have luck)
I am doing well.	Ndiri bhoo. (I am alright.)
I see!	Ndazviona (I have seen them.)
Really?	Chokwadi? (truthfully)
Do not........	Haikona / kwete
not / no	kwete
That one / Those ones	Icho / Izvo
Congratulations!	Makorokoto / neMakorokoto
Merry Christmas!	Makorokoto eChristmas
Happy New Year!	Makorokoto eGore idzva (Congratulations of New Year)
Congratulations on your wedding!	Makorokoto eMuchato wenyu
Have a good trip!	Fambayi zvakanaka
Good-bye	Sarayi zvakanaka
With sympathy	neMatambudziko (with difficulties......)
Sorry for your loss of...	Ndine Urombo neRufu rwa.........(I have poverty with death of ......)
Blessings!	neMaropafadzo (blood pleasings)

21 Shona Culture, Proverbs

Shona people are known for:

- Soapstone sculptures.

- Building stone cities - scattered through out Zimbabwe and Southern Africa. The biggest and most prominent stone city is "Great Zimbabwe" in Masvingo province which is actually the largest stone structure in sub-Saharan Africa. In fact, the word "Zimbabwe" means "a big house of stones" and the country is named after this stone structure.

- Believing in Mwari, a monotheistic God long before the arrival of European christian missionaries. In addition to Sunday, Shona people who live in rural areas still observe one mid-week day called "Chisi" set aside for worshiping or honoring Mwari. It is not allowed to farm or use farm animals on this day or the rains and crops would fail.

- Believing that the earth is round and that the sun is the center of the universe. As symbolism for this, all traditional Shona kitchen are "round-shaped" and "fire places" representing the "sun" are placed at the center.

- Mbira music and sexual traditional dances.

- Totemism – In Shona culture, families are divided into clans which are headed by a chief. Each clan is represented by a totem – an animal or animal body part which is revered and should not be killed or eaten, by members of that clan. Children always take the father's totem. A man and woman from the same clan, i.e. share the same totem, are not allowed to marry each other. Usually when a Shona male meets a Shona women who he is interested in dating, one of the first questions is asking the female's totem.

The following list shows some of the totems found in Zimbabwe and Southern Africa.

Table 21a Some in Zimbabwe and Southern Africa			
Shona Totem	**English Name**	**Female Praise Name**	**Male Praise Name**
Soko / Gudo	monkey / baboon		Bvudzijena /Mukanya
Mbizi / Tembo	zebra	maDhuve	Samaita
Shumba	lion	maShumba	
Nyati	buffalo	maNyathi	
Ngwena	crocodile	maNgwenya	
Moyo	heart	maMoyo	Moyondizvo
Gumbo	leg	maGumbo	
Mbeva	mouse		
Nzou	elephant	maNjovhu	Samanyanga
Shiri / Hungwe	fish eagle		
Shava	eland		Mhofu yeMukono
Nguruve	pig		

Table 21b Shona Proverbs

Shona	English
Chinhu chine Nyanga hachiputirwe muChimwanda cheUswa.	Something with horns can not be hidden in a bundle of grass.
Mwana waShe Muranda kumwe.	A child of a king is a foreigner elsewhere.
Chinokanganwa Idemo Chitisiga hachikanganwe.	What forgets is the axe not the tree stump. Victims don't forget what was done to them.
Anonyenga anokotama ano simudza Musoro a roora.	He who courts a girl bends down but raises his head after marriage.
Vaviri vaviri weChitatu Mutauri weMakuhwa.	Two is a pair but a third one is a gossiper.
Muromo haupi chinopa Maoko.	What creates something is the mouth not the hand.
Atsunya arwa.	The one who has pinched has fought.
Pane Murimi pane Mupopoti.	Where there is a farmer there is a complainer. Where there is success there is a hater.
Anokweva Sanzu a no kweva neMashizha aro.	The one who pulls a branch along pulls the branch's leaves as well. You inherit the good and the bad.
Mombe dzafura Churu chimwe dza zivana.	Cows which graze on the same hill know each other. The experience one shares with others unites people forever.
Chinhu chiri paMuchena chiri paMutenure.	What you have can easily be lost.
Chaitemura chava kuseva.	Who ate bad food now eats well. Lucky has changed.
Aiva Madziva avaMazambuko.	What were pools are now big rivers. Lucky has changed.
Ageza Maoko haadyiswe seMwana.	The one who has washed his/her hands can not be spoon-fed like a child.
Afirwa haatariswe kuMeso.	Who is in bereavement can not be looked in the eyes. Actions by someone in pain can not be taken seriously.

Shona	English
Tsapata Rukukwe hazvienzani neKurara Pasi.	A worn out bed is still a bed. Half a loaf is better than nothing.
Chafamba kamwe hachi teyewi.	An animal that moves only once should not be trapped. One transgression is not a punishable offense.
Aguta haaoneki.	One with a full stomach disappears.
Anopunyaira haashaye Musodzi.	The emotionally upset doesn't have a shortage of tears.
Panodya Ishe Varanda vanodyawo.	When the King eats the subjects eat as well. What benefits the king benefits the subjects.
Panoda Moyo Nzira haisviki.	Where the heart is, the path never reaches. A watched pot never boils fast enough.
Panobva Zino rava Vende.	When the tooth comes out it leaves a gap. There is a cause and effect.
Imbwa payadyira haipakanganwi.	A dog doesn't forget where it last ate. Help given in times of need is always remembered.
Nzombe huru yakabva mukurerwa.	A big bull came from being nurtured. Big results starts in small steps.
Matende mashava anovavisa doro.	Pretty calabashes sour the beer. Beauty is not everything / A beautiful things has its hidden flaws.
Moyo muchena unobayisa.	A beautiful heart can get you killed. Sometimes good actions can get you killed.
Mviro Mviro yeManza inotanga Shosha.	The beginnings of baldness starts at the temples. Small crimes often leads to big crimes.
Kudya cheMuzvere kubata Mwana.	To eat food of the nursing mother you should hold her baby. One good turn deserves another.
Nherera inoguta Musi wafa Amai.	An orphan's last good meal is at his/her mother's funeral.
Kandiro kaoenda kunobva kamwe.	A good turn deserves another.
Mugoni wePwere ndiye asinayo.	You can only tolerate kids if you have none.

Shona	English
Matakadya kare haanyaradzi Mwana.	Talking about past meals won't feed a hungry child. Past accomplishments do not solve present problems.
Tinotenda Maruva tadya Chakata.	Believe in blossoms after you eat the fruit. Don't rely only on promises.
Tsvaga Zano iwe uine rakowo.	Seek advice when you have your own.
Tenda Muchero wadya Zvigadza Moyo.	Do not be grateful for the fruit before eating to your heart's satisfaction. Do not count your chickens before eggs are hatched.
Rega kuyera Nyoka neGavi iyo Nyoka iripo.	Do not measure a snake by a string when the snake is present. Don't have substitutes when the real thing is present.
Rega kupedzera Tsvimbo kuMakunguwo idzo Hanga dzichiuya.	Do not waste your sticks on crows when the guinea-fowl are yet to come. Do not waste your resources on unimportant projects.
Kurera Imbwa neMukaka Mangwana inofuma youkuruma.	Do not raise a dog with milk, tomorrow it will bite you.
Kubaya tanga Hama kuti Vatorwa vakutye.	When you kill, start with kinsmen so that strangers can respect you. Don't favor your kinsmen but be partial in order to earn respect from strangers.
Kuramba Nyama yeChidembo hunge unine Tsuro.	You refuse skunk meat when you have a rabbit. Accept a gift no matter how small or insignificant.
Mbudzi kudya Mufenje kufana naAmai.	For a cub to eat cabbage leaves, it follows its mother. Like mother like daughter.
Kuramba dzvuku kuona jena.	To refuse a red one, you must have seen a white one. Reject something only when you have something better.
Ramba waRavira.	Only refuse something after trying it.
Moyo chena weBere kugarira akafa kare.	A hyena would not guard a dead body out of a clean heart.
Manenji kuona Mbudzi ichitamba neIngwe.	Its a miracle to see a goat playing with a leopard.

Shona	English
Mukuwasha Mukuyu haapere Kudyiwa.	A son-in-law is like a fig tree, it's consumed forever. Dowry is never meant to be paid all at once.
Mwana wengwe Mwana weIngwe.	A leopard's child is a leopard's child. A baby leopard will be a killer in the future.
Nzou Mutupo pane Vanhu paSeri Machikichori.	An elephant is a totem/taboo in public but in secret it is meat.
Chinokura usipo iMombe.	What grows in your absence is only a cow. Determination is required for success.
Akagarika ndeakafa Mupenyu ane Pfumo kuMashure.	The one at peace is the dead one. The living one is near death.
Roro kutsuka Kunze Mukati rakadyiwa neMakonye.	A sweet-wild fruit is beautiful from outside but is rotten inside.
Nhasi chineni Mangwana chinewe.	Today its my turn but tomorrow is your turn.
Chembere yoshaikwa bere rorutsa imvi.	The old lady disappears but a hyena vomits grey hair.
Aneganda anenyama hazvienzani neane howa.	Having skin for food is better than mushrooms. Half a loaf is better than nothing.
Chisi chako Masimba mashoma.	What's not yours you have little power to do it.
Potsi haarwirwe. Piri anorwirwa.	Action may not be taken for first time transgressions, only the second one.
Dindingwe rinosekerera richikweva iro, kana rokwehwa hanzi Mavara angu azara Ivhu.	The cheetah enjoys pulling others in the mud, when it's pulled it complains that it's spots are covered in mud.
Chinono chine Ingwe Bere rinodya richifamba.	Slowness is for the leopard, the hyena eats while walking. Time is precious.
Chembere Masikati usiku iMvana.	She is an old lady during the day but a girl at night. One can have double personalities.
Chava Chigondora chava Chimombe kutadza kutunga Urema hwacho.	What was a bullock is now a grown beast and not able to gore is stupidity.
Shungu dzeImbwa dziri muMoyo.	The anger feelings of a dog are in its heart and only shown when the dog barks.

Shona	English
Kure kweGava ndekusina Mutsubvu	It's far for a wild dog, where there is no fruit tree.
Nzou hairemerwi neNyanga dzayo.	Tusks are not heavy for the elephant. One should face his responsibilities.
Chidembo hachinzwi kunhuwa kwacho.	A skunk does not smell it's own stink. People are blind to their own faults.
Gore Musandu.	One year can change everything.
Doro harisi Mbuva.	Beer is not food.
Anoteya Mariva muRutsva haatyi kusviba Magaro.	The one who put snares in burnt grass doesn't fear getting his butt dirty. Take consequences of your action.
Zviuya hazviwanani.	Two similar people usually do not marry each other.
Mwana asingacheme anofira muMbereko.	A child who does not cry dies in the cradle. If you do not complain, no one hears your voice.
Mapudzi anowira kune vasina Hari.	Squashes fall to those with no pots. Fortune favors fools.
Rambakuudzwa akaonekwa neMbonje paGuma.	The ignorant was found with a head wound.
Chivende anoseka Chimedu.	Cracked tooth laughs at the broken tooth. A pot calls cattle black.
Unaki hweMukadzi huri paMwana.	The beauty of woman lies in the child. A good wife is the one who bears a child.
Nhamo yeMuwe hairambirwi Sadza.	Don't deny yourself food for someone's trouble.
Musikana asingabi anoroya.	A beautiful girl who doesn't steal is a witch. Beauty hides some inner flaws.
Dziva rakanyarara ndiro rinogara Ngwena.	A still waterpool is where crocodiles stay. Do not trust a quiet person.
Chakafukidza Dzimba Matenga.	What covers houses are the roofs. Outside appearance can hide internal problems.
Hapana Mhou inokumira Mhuri isiri yayo.	A cow does not cry for a calf that's not hers. Everyone knows its kin.

Made in the USA
Las Vegas, NV
04 January 2022